现代经济法原理

主　编　田应华　文诚公　欧阳琳

副主编　黎　黎　颜　静　袁　鹏

参　编　罗　歆　廖红娟　梁　超

中国物资出版社

图书在版编目（CIP）数据

现代经济法原理/田应华，文诚公，欧阳琳主编．—北京：中国物资出版社，2012.1
ISBN 978-7-5047-3996-4

Ⅰ.①现… Ⅱ.①田…②文…③欧… Ⅲ.①经济法—法的理论—中国 Ⅳ.①D922.290.1

中国版本图书馆CIP数据核字（2011）第194981号

策划编辑 张利敏　　**责任印制** 方朋远
责任编辑 张利敏　　**责任校对** 孙会香　梁　凡

出版发行 中国物资出版社
社　　址 北京市丰台区南四环西路188号5区20楼　　**邮政编码** 100070
电　　话 010-52227568（发行部）　　010-52227588转307（总编室）
010-68589540（读者服务部）　　010-52227588转305（质检部）
网　　址 http://www.clph.cn
经　　销 新华书店
印　　刷 三河市西华印务有限公司
书　　号 ISBN 978-7-5047-3996-4/D·0078
开　　本 787mm×1092mm　1/16
印　　张 11.75　　**版　　次** 2012年1月第1版
字　　数 271千字　　**印　　次** 2012年1月第1次印刷
印　　数 0001—3000册　　**定　　价** 25.00元

前　言

为了适应法学教育发展的需要，我们编写了《现代经济法原理》一书，供高等院校各专业选用或参考。

经济法是国家为了克服市场失灵而制定的调整需要由国家干预的具有全局性和社会公共性的经济关系的法律规范的总称。学习经济法能帮助大家理解的宏观经济制度，提高经济法律意识，为参与经济活动提供理论素养。本书系统阐述了经济法总论、公司法律制度、合伙企业法、外商投资企业法、合同法、证券法的基本原理，紧密联系法律工作实践，为经济法相关法律实践提供了重要逻辑方法和理论依据。本书重点介绍经济法中公司法律制度、合伙企业法、外商投资企业法、合同法、证券法和基本框架，并对重点法条和一些与我们日常生活紧密相关的法律知识、法律条文作出了重点讲述。全书每一章都筛选了难度适当、针对性强又具有启发意义的习题，并作出了尽可能翔实的解析。

本书第一章由衡阳财经工业职业技术学院欧阳琳负责编著，第二章由中央民族大学文诚公负责编著，第三章由湖南科技经贸职业学院袁鹏负责编著，第四章由长江师范学院田应华负责编著，第五章由中南林业科技大学黎黎负责编著，第六章由湖南工学院廖红娟和衡阳财经工业职业技术学院梁超负责编著，第七章由中南林业科技大学颜静和罗歆负责编著，全书由田应华、文诚公、欧阳琳三人共同提出框架并进行全书统稿。其中的不妥和错误之处，敬请读者不吝指正。

编　者

2011 年 11 月

目 录

务”等。

（2）法律。法律是由全国人民代表大会及其常务委员会制定的规范性文件（人大常务委员会是没有权力制定宪法的），地位仅低于宪法，也是经济法的一个重要的法律渊源，它规定的是基本的经济关系。如《中华人民共和国会计法》（以下简称《会计法》）《中华人民共和国公司法》（以下简称《公司法》）《中华人民共和国个人独资企业法》（以下简称《个人独资企业法》）《中华人民共和国合伙企业法》（以下简称《合伙企业法》）《中华人民共和国中外合资经营企业法》（以下简称《中外合资经营企业法》）《中华人民共和国证券法》（以下简称《证券法》）。

（3）法规。制定主体：国务院、省、自治区、直辖市以及较大城市的人民代表大会及其常务委员会，地位低于宪法和法律。国务院为执行宪法、法律的规定及履行宪法规定的行政管理职权的需要而制定的规范性文件。地方性法规是地方政府在不违背宪法、法律和行政法规的前提下，根据本地的具体情况和实际需要所制定的规范性法律文件。

（4）规章。它包括国务院部门规章和地方政府规章。国务院的各个部署、委员会和具有行政管理职能的直属机构，根据法律和国务院的行政法规、决定、命令在本部门的权限范围内制定的规章。如财政部颁布的《会计从业资格管理办法》《代理记账管理办法》《行政单位国有资产管理暂行办法》等。

（5）民族区域自治制度和单行条例。它是指在国家统一领导下，各少数民族聚居的地方实行区域自治，设立自治机关，行使自治权的制度。民族自治地方的行政地位，原则上是依据各自治地方的地域大小和人口多少决定的。自治区与省同级，自治州与地级市同级，自治县与县同级。

民族自治地方的自治机关由自治区、自治州、自治县的人民代表大会、人民政府、人民法院和人民检察院组成。民族自治地方的自治机关的组成和工作，根据宪法和法律，由民族自治地方的自治条例或者单行条例规定。

民族自治地方的自治机关实行人民代表大会制。民族自治地方的人民政府对本级人民代表大会和上一级国家行政机关负责并报告工作，在本级人民代表大会闭会期间，对本级人民代表大会常务委员会负责并报告工作。各民族自治地方的人民政府都是国务院统一领导下的国家行政机关，都服从国务院。民族自治地方自治机关实行自治区主席、自治州州长、自治县县长负责制，分别主持本级人民政府的工作。

（6）司法解释。时代在发展，经济关系越来越多样化，因此，法律也要随着调整，但是重新制定一项法律制度非常难，因而需要不断地进行补充，进行司法解释。

（7）国际条约、协定。国际条约、协定在我国生效后，对我国国家机关、公民、法人或者其他组织就具有法律上的约束力。

第二节　经济法律关系

一、经济法律关系的概念

经济法律关系，是指经济法主体根据经济法律规范产生的、经济法主体之间在国家管理与协调过程中形成的权利和义务的关系。

二、经济法律关系的特征

经济法律关系具有以下特征：

(1) 它是一种思想社会关系；

(2) 经济法律关系在大多数情况下是一种既体现国家意志又体现当事人意志的思想社会关系。经济法律关系必须体现国家关系。经济法是由国家权力机关制定的，是所有经济法律关系形成的基本规范。经济法律关系在许多情况也体现了当事人的意志。国家考虑国民经济发展，既有长远利益，也有近期利益，任何单个的经法法律关系主体都不得因为个人的经济利益而违反国家意志，否则这种法律关系不会得到经济法的认可；

(3) 经济法律关系是一种市场主体规制法律关系、市场秩序规制法律关系、宏观经济调控和可持续发展保障法律关系以及社会分配法律关系相互作用的法律关系。它体现在：①无论是直接还是间接的宏观调控法律关系，均以经济个体或者市场为规制对象。②经济个体是微观经济行为，一方面是以市场为载体的，必须符合市场规则的要求；另一方面，它是在国家的宏观调控下进行的，因而它必须符合国家宏观调控法律的规定。③市场体系的培育既要体现作为中介的市场在国家宏观调控中的重要作用，又要为经济个体的运行创造一个公平竞争的环境。④经济法律关系主体，是指主体之间在法律上的具有经济内容的权利义务关系。⑤经济法律关系是由国家强制力保障实施的社会关系，并由国家强制力保障。

三、经济法律关系的分类

经济法律关系主要分为以下三大类：①不是为了直接实现一定的发展国民经济目的的经济行政关系（如国家赔偿）。②平等主体之间的平等经济关系。③为直接发展国民经济之目的，需要由国家干预的经济关系。

四、经济法律关系的要素

任何经济法律关系都是由主体、内容和客体三个要素组成。

1. 经济法律关系主体

这指在经济法律关系中享有一定权利，承担一定义务的当事人或参加者。成为经济法律关系主体的方式，主要包括法定取得和授权取得两种。

(1) 法定取得，即依法取得。凡是国家法律规定、法规、规章规定，能够对社会经济生活实行管理或接受管理的社会组织、公民和其他具有生产经营资格的实体，都可以作为经济法律关系的主体。取得的方式：因符合法定程序而自然取得或者在法定条件下经登记、批准、审批、许可、备案等法定程序而取得。

(2) 授权取得，即依据有授权资格的机关授权，从而取得可以对社会经济活动的资格。

经济法律关系按照主体可以分为三类：经济决策主体、经济管理主体和经济实施主体。

经济主体存在形态有：国家机关（行使国家职能的各种机关通称）、企业（依法设立的，以营利为目的的从事生产、流通和服务等经营活动的经营组织、事业单位（由国家财政预算拨款或其他资金来源设立的，不以营利为目的从事文化、教育、科研、卫生等事业单位，以经济实施主体的身份参加经济法律关系）、社会团体（由公民或组织依法自愿组成的从事实业、党团事务、行政管理和服务等社会活动的社会组织）、个体工商户、农村承包经营户和公民。

2. 经济法律关系的内容

经济法律关系的内容，是指经济法主体依法能够作为或不作为一定行为，以及要求他人作为或不作为一定行为的资格。它包括：经济职权、所有权和其他物权（占有权、使用权、收益权和处分的权利）、法人财产权、债权以及知识产权等。

3. 经济法关系的客体

经济法关系的客体，是指经济法主体权利和义务所指向的对象。它主要包括物、经济行为和非物质财富三类。

第三节　法律行为和代理

一、法律行为

1. 法律行为的概念、特征及分类

法律行为，是指公民或者法人以设立、变更、终止民事权利和民事义务为目的，以意思表示为要素，依法产生民事法律效力的合法行为。

它的特征有：首先是为了达到一定的民事法律后果为目的的行为，其次它以法律行为为要素，法律行为是具有法律约束力的合法行为。

法律行为按照不同的分类方式，可以分为单方法律行为和多方法律行为、有偿法律行为和无偿法律行为、要式法律行为和非要式法律行为、主法律行为和从法律行为这几种。

2. 法律行为的有效要件

首先，法律行为的有效要件，分为法律行为的形式有效要件和法律行为的实质有效要件。它主要包括，行为人具有相应的民事行为能力、意思表示真实、不违反法律或社会公共利益。

法律行为又有以下几种特殊形态：

（1）附条件和附期限的法律行为。这是指当事人在法律行为中约定一定的条件，并以将来该条件的成就或不成就作为法律行为生效或不生效的根据。它有将来发生的事实、不确定的事实、当事人任意选择的事实，而非法定事实、合法的事实、所限制的法律行为效力的发生或消灭这几个特征。

（2）无效的法律行为。这是指当事人的法律行为无效，它主要包括以下几种情况：无民事行为能力人实施的法律行为、限制民事行为能力人依法不能独立实施的法律行为、一方以欺诈、胁迫的手段或者乘人之危、使对方在违背真实意思的情况下所为的法律行为、恶意串通、损害国家、集体或者第三人利益的法律行为，违反法律或社会公共利益的法律行为、经济合同违反国家指令性计划的法律行为，及以合法形式掩盖非法目的的法律行为。无效的民事行为，从一开始就没有法律约束力。对无效的法律行为产生的法律后果应该采取恢复原状、赔偿损失、收归国家三种措施。

（3）可变更、可撤销的民事行为。这是指当事人的法律行为可变更或可撤销，对于可变更可撤销的民事行为，我们应该注意如下几点：效力已经发生后不能撤销、只能由享有撤销权的人提出、撤销权人可以撤销也可以不撤销、撤销权的行使有时间限制（一年时间）、该行为一经撤销，其效力追溯到行为的开始。

二、代理

1. 代理的概念和特征

代理，是指代理人在代理权限内，以被代理人的名义与第三人实施法律行为，由此产生的法律后果直接由被代理人承担的法律制度。它成立的条件有：代理人必须以被代理人的名义实施法律行为、代理人在代理权限内独立地向第三人进行意思表示、代理行为的法律后果直接归属于被代理人。代理可以分为委托代理、法定代理和指定代理三类。

其中，依照法律规定或按照双方当事人约定，应当由本人实施的民事法律行为，不得代理，如遗嘱、婚姻登记、收养子女等。以下代理权应当禁止：代理人以被代理人与自己进行民事活动、同一代理人代理双方当事人进行同一项民事活动以及代理人与第三人恶意串通损害被代理人的利益。以下形式的代理为无权代理：没有代理权而实施的代理、超越代理权实施的代理、代理权终止后而实施的代理。

2. 委托代理终止

当出现以下情况委托代理可终止：代理期间届满或代理事务完成、被代理人取消委托或代理人辞去委托、代理人死亡、代理人丧失民事行为能力、作为被代理人或代理人的法人终止。

法定代理人或指定代理终止的情况有：被代理人取得或恢复民事行为能力、被代理人或代理人死亡、代理人丧失民事行为能力、指定代理的人民法院或指定单位取消指定、由其他原因引起的被代理人和代理人之间的监护关系消灭。

第二章　公司法律制度

第一节　公司法律制度概述

一、公司的概念及其特征

公司指依法设立的、以营利为目的的，并由股东投资形成的企业法人。公司设立的立法体系大致经历了从自由设立主义、特许主义到核准主义、准则主义、严格准则主义的过程。我国对公司的设立采取准则主义，法律、行政法规规定设立公司须经报批准的，必须取得批准。

公司的特征有：具有独立的法人资格、属社团组织、具有社团性、以营利为目的、具有营利性。

二、公司设立的效力

无论公司成立还是不成立，发起人对其设立行为都要承担相应的法律责任，这也是成立行为效力的表现。如果通过批准则公司成立。如果未经核准则发起人必须对设立行为所产生的债务和费用负连带责任并对已收股款的返还责任。

三、公司的分类

1. 以公司股东的责任范围为标准

可分为无限责任公司、两合公司、有限责任公司、股份有限公司、股份两合公司。

无限责任公司是指由两个以上股东组成、股东对公司债务负连带无限责任的公司形式。其又称无限公司，是最典型的人合公司，必须由两个以上的股东所组成，而且股东必须是自然人。股东对公司债务负无限连带责任，即股东必须以出资财产和出资财产以外的其他财产作为清偿公司债务的保证，公司的全部财产不足以清偿公司债务时，债权人有权就其未受偿部分要求公司股东以其个人财产清偿，而且股东间的责任是连带的，偿还公司债务超过自已应承担数额的股东，有权向本公司的其他股东追偿，这样，这部分股东就成为新的债权人。

无限责任公司是建立在成员相互信赖基础上的少数小的共同企业形式，其特点在于：①组织手续比较简单，不要求具备最低的资本总额；②公司经营好坏，直接关系每个股东的全部财产利益，因此股东会合力经营，股东关系密切；③公司信用较高，竞争力较强。但股东投资风险较大，责任较重，资本不易筹集，出资转让有严格限制，同时也不利于保护出资人的利益。

两合公司，是指由一人以上的无限责任股东与一人以上的有限责任股东组成的公司，其中无限责任股东对公司债务负连带无限清偿责任，有限责任股东则以其出资额为限对公债务负有限清偿责任 。

有限公司又称“有限责任公司”，指由法律规定的一定人数的股东所组成，股东以其出资额为限对公司债务承担责任，公司以其全部资产对其债务承担责任的企业法人。

股份有限公司，是指将全部资本分为等额股份，股东以其认购的股份为限对公司承担责任的企业法人。设立股份有限公司，应当有 2 人以上 200 人以下为发起人，注册资本的最低限额为人民币 500 万元。全部注册资本由等额股份构成并通过发行股票（或股权证）筹集资本，公司以其全部资产对公司债务承担有限责任的企业法人。其主要特征是：①公司的资本总额平分为金额相等的股份；②股东以其所认购股份对公司承担有限责任，公司以其全部资产对公司债务承担责任；③每一股有一项表决权，股东以其持有的股份，享受权利，承担义务。

股份两合公司是指，由无限责任股东和有限责任股东共同出资组成，是介于无限责任公司和股份公司之间的一种股份公司。无限责任股东管理和控制公司的经营活动，对公司债务承担无限连带清偿责任；有限责任股东一般不参与公司的经营管理，对公司债务仅以其出资额为限负有责任。

2. 以公司之间的组织关系为标准

以公司之间的组织关系为标准可为分总公司与分公司、母公司与子公司。

总公司又称本公司，指依法设立共管辖公司全部组织的，具有企业法人资格的总机构。总公司通常先于分公司而设，在公司内部管辖系统中，处于领导、支配地位。分公司是指，在业务、资金、人事等方面受本公司管辖而不具有法人资格的分支机构。总公司是相对于分公司而言的，总公司具有法人资格，但分公司不具有法律上和经济上的独立地位，但其设立程序简单。

分公司是指在业务、资金、人事等方面受本公司管辖而不具有法人资格的分支机构。分公司属于分支机构，在法律上、经济上没有独立性，仅是总公司的附属机构。分公司没有自己的名称、章程，没有自己的财产，并以总公司的资产对分公司的债务承担法律责任。分公司是总公司管辖的分支机构，指公司在其住所以外设立的以自己的名义从事活动的机构。分公司不具有企业法人资格，其民事责任由总公司承担。虽有公司字样，但并非真正意义上的公司，也无自己的章程，公司名称只要在总公司名称后加上分公司字样即可。（注：分公司虽不具独立法律地位，但依《中华人民共和国民事诉讼法》（简称《民事诉讼法》）第四十九条和《最高人民法院关于适用〈中华人民共和国民事诉讼法〉若干问题的意见》（简称《民诉意见》）第四十条，依法设立的分公司可以作为民事诉讼的当事人，具有诉讼资格，另外分公司也具有独立的缔约能力）

分公司是相对总公司而言的，作为法人的有限责任公司或者股份有限公司，根据生产经营活动的需要，在公司内部按照经营业务的分类及地域范围，采取设置分支机构的管理方式，进行合理分工。按照《中华人民共和国公司法》（以下简称《公司法》）的规定，有限责任公司或股份有限公司设立的分公司不具有企业法人资格，其民事责任由该总公司承担。

母公司与分公司在设立方式上的区别有，母公司：由一个股东（一人有限责任公司）或两个以上股东按，照《公司法》规定的公司设立条件和方式投资设立。分公司：总公司在其住所地之外向当地工商部门申请设立，属于设立公司的分支机构，在公司授权范围内独立开展业务活动。

子公司与分公司在投资限制方面的区别有，子公司：公司向其他有限责任公司、股份公司投资的，公司章程对投资或者担保的总额及单项投资或者担保的数额有限额规定的，不得超过规定的限额。分公司：总公司对分公司的投入原则上不受限制。（注：依照《中华人民共和国商业银行法》第十九条第二款，商业银行拨付其子公司运营资金的总和不得超过总行资本金总额的60%）

由此我们可以看出，分公司的法律地位与子公司不同以及分公司在责任承担上和子公司不同。

3. 以公司的国籍为标准

以公司的国籍为标准可分为本国公司、外国公司。

外国公司是相对于本国公司而言的。从广义的角度讲，一般凡具有本国国籍的公司为本国公司，凡具有外国国籍的公司为外国公司。从狭义角度讲，我国《公司法》中所规范的外国公司，仅指经申请并获准在我国设立分支机构分公司的外国公司。

第二节　公司的登记管理

一、公司登记管理概念

公司登记是指国家赋予公司法人资格与企业经营资格，并对公司的设立、变更、注销加以规范、公示的法律制度。

二、登记管辖

我国的公司登记机关是工商行政管理机关。我国的公司登记实行国家、省（自治区、直辖市）、市（县）三级管辖制度。国家工商行政管理总局主要负责下列公司登记：国务院国有资产监督管理机构履行出资人职责的公司以及该公司投资设立并持有50%以上股份的公司、外商投资公司。

省、自治区、直辖市工商行政管理局，主要负责本辖区内下列公司的登记：省、自治区、直辖市人民政府国有资产监督机构，履行出资人职责的公司以及该公司投资并持有50%以上股份的公司和省、自治区、直辖市工商行政管理局规定由其等级的自然人投资设立的公司。

三、登记事项

我国的公司登记，必须登记的事项包括公司名称、公司住所、公司法定代表人以及公司类型。

1. 公司名称

我国《公司法》对公司名称有以下规定：①一个公司只能有一个名称、除按规定设立的劳动服务公司外，公司名称中不得含有其他法人的名称；②一般公司不得用“中国”“中华”等字眼；③必须使用汉字，不得使用汉语拼音和数字；④不得含有损国家和社会公共利益，可能对公众造成欺骗或误解的内容或文字；⑤不得含有政党、党政军机关名称、群众组织名称、社会团体名称和部队番号等；⑥不得单独使用“发展”“开发”等，使用“实业”的公司，须拥有3个以上的生产科技型企业；⑦使用“总公司”的，须下设3个以上称为“公司”或“分公司”的分支机构；⑧公司名称可以有简称或外文名称的缩写，并在公司章程中载明。

2. 公司住所

我国《公司法》规定公司的住所应当在其公司登记机关管辖内。

3. 公司法定代表人

公司的法定代表人依照公司章程的规定，由董事长、执行董事或者经理担任。

4. 公司类型

公司的企业类型为有限责任公司和股份有限公司。国有独资公司属于有限责任公司，企业类型为“有限责任公司（国有独资）”。上市的股份有限公司，企业类型为“股份有限公司（上市）”。

四、设立登记

公司名称预先核准，预先核准的公司名称保留期为6个月。预先核准的公司名称在保留期内，不得用于从事经营活动，不得转让。

五、变更登记

我国《公司法》对变更期限的规定有：①公司名称、法定代表人、经营范围自变更决议作出之日起30日内申请变更登记；②公司减少注册资本、合并、分离：自公告之日起45日后申请变更登记；③公司变更实收资本：自足额缴纳出资或者股款之日起30日内申请变更登记；④有限责任公司股东转让股权的，应当自转让股权之日起30日内申请变更登记；⑤有限责任公司的股东或者股份有限公司的发起人改变姓名或者名称的，应当自改变姓名或者名称之日起30日内申请变更登记；⑥公司登记事项变更设计分公司登记事项变更的，应当自公司变更登记之日起30日内申请变更登记；⑦公司

合并、分离的变更，应当自公告45日后申请登记。

六、注销登记

我国《公司法》规定公司注销的情况有：

(1) 公司宣告破产或被其他公司收购、公司章程规定营业期限届满、公司内部分立解散，或者由于一些业务经营方式不规范被依法责令关闭，这时公司可以申请注销，吊销营业执照即公司注销。

(2) 若以后不打算再开公司，就无须办理注销手续，因为工商营业执照在每年年检时如果不进行年检，将会自动注销公司的执照。

七、分公司的登记

分公司登记事项包括：名称、营业场所、负责人以及经营范围。

八、年度年检

公司应该于每年3月1日至6月30日对公司进行年度检验，其中年检应当提交的文件有：年度检验报告书、年度资产负债表和损益表、《企业法人营业执照》副本、公司应当缴纳年度检验费。

九、证照和档案管理

我国《公司法》规定公司登记机关对需要认定的营业执照，可以临时扣留，扣留期限不得超过10天。

第三节 有限责任公司的设立和组织机构

一、有限责任公司概念

有限责任公司是指依照法律规定由50个以下的股东所组成，股东以其出资额为限对公司承担责任，公司以其全部资产对公司的债务承担责任的公司。

二、有限责任公司的优势

有限责任公司的优势主要有：规模较小，资金需求量小；股东人数少，易于管理；股东承担有限责任，风险较小；设立程序简单，一般不需要审批；不必公开财务状况和经营状况，保密性较好。

三、有限责任公司的特征

有限责任公司的特征主要有：股东人数上限50人；不能公开募集股份，发行股票；股东出资转让严格；具有封闭性；资本要求低；设立程序简单；组织设置灵活；股东承担有限责任；法定最低资本额的限制 。

四、有限责任公司的公司设立

公司设立是指为创建公司而依法定程序进行的一系列法律行为的总称。

1. 设立条件

有限责任公司的设立应满足如下条件：①股东人数符合规定，自然人有完全行为能力，法律上不受限制。不属于公务人员，法人不包括政府机关。②股东出资达到法定资本最低限额。③股东共同制定公司章程。④有公司名称。⑤有固定的生产经营场所和生产经营条件。

2. 设立程序

有限责任公司的设立程序包括：①股东履行出资义务。②办理审批手续。特定行业的公司由特定的政府机关审批并进行业务监督管理。公司的业务范围中涉及的相关事宜应经特定机关的审查批准。③办理注册登记手续，全体股东指定的代表或共同委托的代理人向公司登记机关申请。

3. 设立费用和责任

(1) 设立费用，有限责任公司的设立费用由股东分摊或列入公司成本开支。

(2) 设立责任是指股东因设立行为对各债权人、公司、其他股东的民事责任。股东因不按规定认缴出资的承担违约责任。股东出资的实物价值显著低于章程中价值，则负补足责任，公司成立时的其他股东承担连带责任，即股东的出资填补责任。公司不能设立时，对设立时的债务为全体股东的共同债务，全体债务人承担连带清偿责任。

五、股东会

1. 股东

有限责任公司是在股东的出资的基础上建立起来的，其中股东的权利叫股权，股权分为自益权和共益权。股东的义务主要是出资义务、出资填补义务和不得抽回出资的义务。

2. 股东会

股东会是公司的最高权力机构，由全体股东组成，决定公司的一切重大事务。

股东会行使下列职权：①决定公司的经营方针和投资计划；②选举和更换董事，决定有关董事的报酬事项；③选举和更换由股东代表出任的监事，决定有关监事的报酬事项；④审议批准董事会的报告；⑤审议批准监事会或者监事的报告；⑥审议批准公司的年度财务预算方案、决算方案；⑦审议批准公司的利润分配方案和弥补亏损方案；⑧对公司增加或者减少注册资本作出决议；⑨对发行公司债券作出决议；⑩对股东向股东以外的人转让出资作出决议；⑪对公司合并、分立、变更公司形式、解散和

清算等事项作出决议；⑫修改公司章程。

3. 股东会议事和表决程序

首次股东会由出资最多的股东召集和主持，以后会议由董事会召集，董事长主持。股东会表决程序一般事项过半数，重大事项须 2/3 以上多数通过（股东会对公司增加或者减少注册资本，分立、合并、解散或者变更公司形式作出决议，必须代表 2/3 以上表决权的股东通过）股东会按出资比例行使表决权。

4. 股东会会议

股东会会议分为定期会议和临时会议。定期会议应当按照公司章程的规定按时召开。代表四分之一以上表决权的股东，1/3 以上董事，或者监事，可以提议召开临时会议。有限责任公司设立董事会的，股东会会议由董事会召集，董事长主持，董事长因特殊原因不能履行职务时，由董事长指定的副董事长或者其他董事主持。召开股东会议，应当于会议召开 15 日以前通知全体股东。股东会应当对所议事项的决定作成会议记录，出席会议的股东应当在会议记录上签名。

六、董事会

1. 董事会的概念

董事会指公司的常设管理机构，其由股东会产生，对股东会负责，是公司的执行机构。其中董事是公司业务的决策人和执行人。董事任期由章程规定，每届不超过 3 年，可连选连任。董事的职权和义务包括忠诚、竞业禁止、自己交易之禁止义务。

2. 董事会的组成

董事会是由全体董事组成的集体决策机构，其成员 3～13 人，董事任期由公司章程规定，但每届任期不得超过 3 年。董事任期届满，连选可以连任。董事在任期届满前，股东会不得无故解除其职务。

3. 董事会的召集程序和议事规则

董事会会议由董事长召集和主持。董事长因特殊原因不能履行职务时，由董事长指定副董事长或者其他董事召集和主持。1/3 以上董事可以提议召开董事会会议。董事会的议事方式和表决程序，除《公司法》有规定的以外，由公司章程规定。召开董事会会议，应当于会议召开 10 日以前通知全体董事。董事会应当对所议事项的决定作成会议记录，出席会议的董事应当在会议记录上签名。

4. 董事会的职权

董事会的职权有：①负责召集股东会，并向股东会报告工作；②执行股东会的决议；③决定公司的经营计划和投资方案；④制订公司的年度财务预算方案、决算方案；⑤制订公司的利润分配方案和弥补亏损方案；⑥制订公司增加或者减少注册资本的方案；⑦拟订公司合并、分立、变更公司形式、解散的方案；⑧决定公司内部管理机构的设置；⑨聘任或者解聘公司经理（总经理）（以下简称经理），根据经理的提名，聘任或者解聘公司副经理、财务负责人，决定其报酬事项；⑩制定公司的基本管理制度。

七、监事会

有限责任公司，经营规模较大的，设立监事会，其成员不得少于三人。监事会应在其组成人员中推选一名召集人。监事会由股东代表和适当比例的公司职工代表组成，具体比例由公司章程规定。监事会中的职工代表由公司职工民主选举产生。有限责任公司，股东人数较少和规模较小的，可以设 1～2 名监事。

董事、经理及财务负责人不得兼任监事。监事的任期每届为 3 年。监事任期届满，连选可以连任。监事会或者监事行使下列职权：①检查公司财务；②对董事、经理执行公司职务时违反法律、法规或者公司章程的行为进行监督；③当董事和经理的行为损害公司的利益时，要求董事和经理予以纠正；④提议召开临时股东会；⑤公司章程规定的其他职权。监事列席董事会会议。

第四节　有限责任公司的特殊形式

一、国有独资公司

1. 国有独资公司的概念

国有独资公司是指由国家单独出资、由国务院或者地方人民政府授权本级人民政府国有资产监督管理机构履行出资人职责的有限责任公司。

2. 国有独资公司的特征

国有独资公司的特征有：①全部资本由国家投入。公司的财产权源于国家对投资财产的所有权。国有独资公司是一种国有企业。②股东只有一个。作为国有独资公司的股东，国家授权投资的机构（如国家设立的国有资产投资公司）或者国家授权的部门（如国家的国有资产管理部）是唯一的投资主体和利益主体。它不同于由两个以上国有企业或其他国有单位共同投资组成的公司。尽管后者各方投资的所有权仍属于国家，公司资本的所有制性质未发生变化，但公司的投资主体及股东却为多个，具有多个不同的利益主体。③公司投资者承担有限责任。虽然国有独资企业的投资者是国家，但国家仅以其投入公司的特定财产金额为限对公司的债务负责，而不承担无限责任。这不同于个人独资企业，也不同于具有无限责任的企业。④性质上属于有限责任公司。国有独资公司按公司形式组成，除投资者和股东人数与一般公司不同外，其他如公司设立、组织机构、生产经营制度、财务会计制度等均与有限责任公司的一般规定与特征相同或相近，只是我国《公司法》规定，国有独资公司下不设股东会，由国家授权投资的机构或国家的授权部门授权公司董事会行使股东大会的部分职权，决定公司的重大事项，但公司的合并、分立、解散、增减资本和发行债券，必须由国家授权投资的机构或者国家授权的部门决定。

3.《公司法》关于国有独资公司的特别规定

国有独资公司章程由国有资产监督管理机构制定，或由董事会制定报国有资产监督管理机构批准。国有独资公司不设股东会，由国有资产监督管理机构行使股东会职权。国有资产监督管理机构可以授权公司董事会行股东会的部分职权，决定公司的重大事项，但公司的合并、分立、解散、申请破产的，应当由国有资产监督管理机构决定，其中，重要的国有独资公司合并、分立、解散、申请破产的，应当由国有资产监督管理机构审核后，报本级人民政府批准。重要的国有独资公司，按照国务院的规定确定。国有独资公司设董事会，董事会的职权与普通有限责任公司的相同。

董事会每届任期不超过 3 年。董事任期届满，连选可以连任。董事会成员中应当由公司职工代表。董事会成员由国有资产监督管理机构委派，但董事会中的职工代表由公司职工通过职工代表大会产生。董事会设董事长一人，可以设副董事长。董事长和副董事长由国有资产监督管理机构从董事会成员中指定。国有独资公司设经理，由董事会聘任或者解聘。经理的职权与普通有限责任公司的相同。经国有资产监督管理机构同意，董事会成员可以兼任经理。国有独资公司的董事长、副董事长、董事、高级管理人员，未经国有资产监督管理机构同意，不得在其他有限责任公司、股份有限公司或者其他经济组织兼职。国有独资公司监事会成员不得少于 5 人，其中职工代表的比例不得低于 1/3，具体比例由公司章程规定。

监事会成员由国有资产监督管理机构委派，但是，监事会成员中的职工代表由公司职工代表大会选举产生。监事会主席由国有资产监督管理机构从监事会成员中指定。监事会行使下列职权：①检查公司财务；②对董事、高级管理人员执行公司职务的行为进行监督；③对违反法律、行政法规、公司章程或者股东会决议的董事、高级管理人员提出罢免建议；④当董事、高级管理人员的行为损害公司的利益时，要求董事、高级管理人员予以纠正；⑤国务院规定的其他职权。

4. 国有独资公司的设立步骤

设立国有独资公司，根据国家工商局的规定，申请人应向公司登记机关提交国务院或者人民政府授权投资的机构或者部门的证明。省级以下人民政府授权投资的机构或部门应按国务院规定执行。在国务院未作规定前，可暂按省人民政府规定办理。

国有独资公司的设立的步骤有：第一步，咨询后领取并填写《名称（变更）预先核准申请书》，同时准备相关材料；第二步，递交《名称（变更）预先核准申请书》及其相关材料，等待名称核准结果；第三步，领取《企业名称预先核准通知书》，同时领取《企业设立登记申请书》等有关表格；经营范围涉及前置许可的，报国家有关部门批准；以货币出资的到经工商局确认的入资银行开立入资专户；办理入资及验资手续；以非货币方式出资的，还应办理资产评估手续及财产转移手续；第四步，递交申请材料，材料齐全，符合法定形式的，等候领取《准予设立登记通知书》；第五步，领取《准予设立登记通知书》后，按照《准予设立登记通知书》确定的日期到工商局交费并领取营业执照。

二、一人有限责任公司

1. 概念

一人有限责任公司是指，由一个自然人股东或者一个法人股东组建的有限责任公司。

2. 优缺点

一人有限责任公司的优点在于，个人只对企业以投资额负责，股东的风险大大降低。缺点在于法律对资本金的限制以及双重征税。

3. 独资企业与一人公司的共同点

①两种类型的投资者均为一个自然人，全资控股和国有独资公司都不是一人公司；②两种类型都是营利性的经济组织。

4. 独资企业与一人公司的不同点

两者不同点主要体现在法律主体、财产关系、责任形式和税收征纳方面。

5. 一人公司立法

许多国家通过立法承认一人公司的存在，立法情况分几个方面：①不承认，如低于法定人数应解散或一定期限内不改变则转为无限责任；②股东一人时公司存在，股东承担无限责任；③公司存在，股东责任有限，但利害关系人一定期限内可提出解散公司的请求；④股份为一人拥有，不要求股东承担无限责任；⑤法律直接允许设立一人公司。

第五节　股份有限公司设立方式和程序

股份有限公司的设立方式主要包括发起设立和募集设立两种方式。

一、发起设立

发起设立是指由发起人认购公司应发行的全部股份而设立的公司。其设立程序包括：发起人签订协议、发起人制定公司章程、缴纳出资、选举董事会和监事会、申请设立登记五个程序。

其中，发起方式设立股份有限公司的发起人，应书面认足公司章程规定其认购的股份，发起人不依照前款规定出资的，应按照发起人协议承担违约责任。发起人首次缴纳出资后，应当选举董事会和监事会，由董事会向公司登记机关报送公司章程，由依法设定的验资机构出具验资证明以及法律、行政法规规定的其他文件，申请设立登记。)

二、募集设立

募集设立是指，由发起人认购公司发行股份的一部分，其余股份向社会公开募集

或者向特定对象募集而设立公司。发起人认购股份，发起人认购公司的股份不得少于公司股份总数的35%。

以募集方式设立股份有限公司的发起人认购的股份，不得低于公司股份总数的35%，且必须公告招股说明书，并制作招股书。还应当有依法设立的证券公司承销，签订承销协议并应当同银行签订代收股款协议。

三、发起人的责任

股份有限公司的发起人有：创立大会、公布召开的时间、资金募集情况；通知时间、公布参会人数的责任和义务。其中，会议的表决方式为资本表决原则，如公司不能按期成立，发起人应当退还认股人的股本并附上同期银行利息。

四、累计投票制度

累积投票制指，股东大会选举两名以上的董事时，股东所持的每一股份拥有与待选董事总人数相等的投票权，股东既可用所有的投票权集中投票选举一人，也可分散投票选举数人，按得票多少依次决定董事入选的表决权制度。这样做的目的就在于防止大股东利用表决权优势操纵董事的选举，矫正“一股一票”表决制度存在的弊端。按这种投票制度，选举董事时每一股份代表的表决权数不是一个，而是与待选董事的人数相同。股东在选举董事时拥有的表决权总数，等于其所持有的股份数与待选董事人数的乘积。投票时，股东可以将其表决权集中投给一个或几个董事候选人，通过这种局部集中的投票方法，能够使中小股东选出代表自己利益的董事，避免大股东垄断全部董事的选任。

五、上市公司的组织机构的特别规定

我国对上市公司的组织机构作出了特别规定，它包括：①增加了股东大会的特别决议事项。②设立独立董事，独立董事的主要职责在于对控股股东及其选任的董事、高级管理人员，以及其与上市公司进行的关联交易进行监督。③设立董事会秘书。其中董事会秘书是董事会设置的服务席位，既不能代表董事会，也不能代表董事长。董事会秘书是上市公司的高级管理人员。④增设关联关系董事的表决权排除制度。

第六节 股份有限公司的股份发行和转让

、股份发行的概念、特征及种类

1. 概念

股份发行是指股份有限公司依法对外发行股份（股票）的行为。

2. 特征

股份发行的特征是，其发行的是有价证券、是一种要式的行为，发行的股份可以流通。

3. 种类

股票发行包括设立发行和新股发行两种情况。设立发行，是指股份有限公司在设立的过程中，为了募集资本而进行的股份发行；新股发行，是指股份有限公司成立以后，在运营过程中为了增加公司资本而进行的股份发行。无论是设立发行还是新股发行，都应当遵守法律所规定的股份发行原则。

二、发行价格

股份发行的价格包括平价发行、溢价发行、折价发行三种。

1. 平价发行

平价发行也称为等额发行或面额发行，是指发行人以票面金额作为发行价格。如某公司股票面额为1元，若采用平价发行方式，那么该公司发行股票时的售价也是1元。由于股票上市后的交易价格通常要高于面额，面额发行能使投资者得到交易价格高于发行价格时所产生的额外收益，因此绝大多数投资者都乐于认购。平价发行方式较为简单易行，但其主要缺陷是发行人筹集资金量较少。

2. 溢价发行

溢价发行是指，发行人按高于面额的价格发行股票，因此可使公司用较少的股份筹集到较多的资金，同时还可降低筹资成本。溢价发行又可分为时价发行和中间价发行两种方式。时价发行也称市价发行，是指以同种或同类股票的流通价格为基准来确定股票发行价格，股票公开发行通常采用这种形式。

3. 折价发行

折价发行是指以低于面额的价格出售新股，即按面额打一定折扣后发行股票，折扣的大小主要取决于发行公司的业绩和承销商的能力。如某种股票的面额为1元，如果发行公司与承销商之间达成的协议折扣率为5%，那么该股票的发行价格为每股0.95元。

目前，西方国家的股份公司很少有按折价发行股票的。我国的《公司法》第一百三十一条明确规定：“股票发行价格可以按票面金额，也可以超过票面金额，但不得低于票面金额。以超过票面金额为股票发行价格的，须经国务院证券管理部门批准。”

三、股份转让

我国法律对股权转让有以下限制：

(1) 对发起人转让股权的限制：“两个一年”原则，《公司法》第一百四十二条规定，对于股份有限公司，发起人持有本公司股份自公司成立之日起一年内不得转让。公司公开发行股份前已发行的股份，自公司股票在证券交易所上市交易之日起一年内

不得转让。

（2）对董事、监事、高级管理人员的限制：公司董事、监事、高级管理人员应当向公司申报所持有的本公司的股份及其变动情况，在任职期间每年转让的股份不得超过其所持有本公司股份总数的百分之二十五，所持本公司股份自公司股票上市交易之日起一年内不得转让。上述人员离职后半年内，不得转让其所持有的本公司股份。公司章程可以对公司董事、监事、高级管理人员转让其所持有的本公司股份作出其他限制性规定。

（3）可以收购本公司股份的法定条件有：①减少公司注册资本。②与持有本公司股份的其他公司合并。③将股份奖励给本公司员工。④股东因对股东大会作出的公司合并、分立决议持有异议、要求公司收购其股份的。⑤股份有限公司不得接受以本公司的股票作为质押权标的。

第七节　公司高管人员的资格和义务

一、公司董事、监事、高级管理人员的资格

以下主体不具备成为公司董事、监事、高级管理人员的资格：①无民事行为能力或者限制民事行为能力；②因贪污、贿赂、侵占公司财产、挪用财产或者破坏社会主义市场经济秩序，被判处刑罚，执行期满未逾5年；或者因犯罪被剥夺政治权利，执行期满未逾5年；③担任破产清算的公司、企业的董事或者厂长、经理对该公司、企业的破产负有个人责任的，自该企业破产清算完结之日起未逾3年；④担任因违法被吊销营业执照、责令关闭的公司的法定代表人，并负有个人责任的，自该公司被吊销营业执照之日起未逾3年；⑤个人所负数额较大的债务到期未清偿。

二、公司董事、监事、高级管理人员的义务

公司董事、监事、高级管理人员应该履行的义务有：①禁止获得非法利益；②禁止越权运用公司财产；③禁止从事与本公司相竞争的活动；④禁止披露公司秘密。

三、股东诉讼

公司董事、监事、高级管理人员执行公司职务时违反法律、行政法规或者公司章程的规定，给公司造成损失的，应当承担赔偿责任。既然给公司造成了损失，侵犯了全体股东的利益，公司应当作为原告要求董事、监事承担赔偿责任。如果公司不出面的话，股东有权代表公司对董事、监事提起诉讼。

四、股东诉讼程序

1. 内部人

内部人（董事、监事、高级管理人员）给公司造成损失的，分以下几种情况：

（1）董事、高管人员犯错找监事会股东（有限责任公司的股东、股份有限公司连续 180 日以上单独或者合计持有公司 1%以上股份的股东）可以书面请求监事会向人民法院提起诉讼；

（2）监事犯错误找董事会，股东（有限责任公司的股东、股份有限公司连续 180 日以上单独或者合计持有公司 1%以上股份的股东）可以书面请求董事会向人民法院提起诉讼；

（3）如果董事、监事互相报批：直接找人民法院，监事会、董事会收到股东的书面请求后拒绝提起诉讼，或者自收到请求之日起 30 日内提起诉讼，或者情况紧急，不立即提起诉讼将会使公司利益受到难以弥补的损害的，股东（有限责任公司的股东、股份有限公司连续 180 日以上单独或者合计持有公司 1%以上股份的股东）有权为了公司的利益以自己的名义直接向人民法院提起诉讼。

2. 外部人

股东（有限责任公司的股东、股份有限公司连续 180 日以上单独或者合计持有公司 1%以上股份的股东）可以书面请求董事会或者监事会向人民法院提起诉讼或者直接向人民法院提起诉讼。

3. 股东直接诉讼

公司董事、高级管理人员违反法律、行政法规或者公司章程的规定，损害（个别）股东利益的，股东可以（直接作为原告）向人民法院提起诉讼。

第八节　公司债券

一、公司债券的概念

公司债券是指公司依照法定程序发行、约定在一定期限还本付息的有价证券。

二、债券与股票的区别

债券和股票主要有如下区别：

1. 权利性质不同

股票持有人是公司的股东，有权对公司的重大决策发表自己的意见；债券的持有人是债券发行人的债权人，享有到期收回本息的权利；基金单位的持有人是基金的受益人，体现的是信托关系。

2. 收益不同

基金和股票的收益是不确定的，而债券的收益是确定的。一般情况下，基金收益比债券高。以美国投资基金为例，国际投资者基金等25种基金在1976—1981年5年间的收益增长率，平均为301.6%，其中最高的20世纪增长投资者基金为465%，最低的普利特伦德基金为243%，而1996年国内发行的两种5年期政府债券，利率分别只有13.06%和8.8%

3. 风险不同

一般情况下，股票的风险大于基金。对中小投资者而言，由于受可支配资产总量的限制，只能直接投资于少数几只股票、这就犯了“把所有鸡蛋放在一个篮子里”的投资禁忌，当其所投资的股票因股市下跌或企业财务状况恶化时，本金有可能化为乌有；而基金的基本原则是组合投资，分散风险，把资金按不同的比例分别投于不同期限、不同种类的有价证券，把风险降至最低限度。债券在一般情况下，本金得到保证，收益相对固定，风险比基金要小。

4. 偿还性质不同

债券投资是有一定期限的，期满后收回本金；股票投资是无限期的，除非公司破产、进入清算，投资者不得从公司收回投资，如要收回，只能在证券交易市场上按市场价格变现。投资基金则要视所持有的基金形态不同而有区别：封闭型基金有一定的期限，期满后，投资者可按持有的份额分得相应的剩余资产。在封闭期内还可以在交易市场上变现。开放型基金一般没有期限，但投资者可随时向基金管理人要求赎回。

三、债券的种类

债券按照是否记名可以分为记名公司债券和无记名公司债券；按照是否可以转换成股票可以分为可转换公司债券和不可转换公司债券。

四、债券发行的条件

债券发行的条件有：①股份有限公司的净资产不得低于人民币3000万元，有限责任公司的净资产不得低于人民币6000万元；②累计债券余额不超过公司净资产的40%；③最近3年平均可分配利润足以支付公司债券1年利息；④筹集的资金投向符合国家产业政策；⑤债券的利率不超过国务院限定的利率水平；⑥国务院规定的其他条件。

不得再次公开发行公司债券的有：①前一次公开发行的债券尚未募足；②对已发行的公司债券或者其他债务有违约或者延迟支付本息的事实，仍处于继续状态；③违反规定，改变公开发行公司债券所募集资金的用途。

五、公司债券的转让

公司债券可以转让，转让价格由转让人与受让人约定。公司债券在证券交易所上市交易的，按照证券交易所得交易规则转让。公司债券种类不同，转让方式不同。记名公司债券的转让，由债券持有人以背书方式或者法律、行政法规规定的其他方式转让，转让后由公司将受让人姓名或者名称及住所记载于公司债券存根簿；无记名公司债券的转让，由债券持有人将债券交付给受让人后即发生转让的效力。

第九节　公司财务、会计

一、公司财务、会计的作用

公司的财务、会计有保护投资者和债权人的利益、吸收社会投资为政府的宏观管理提供助力作用。

公司财务、会计应当依照法律建立本公司的财务、会计制度，依法编制财务会计报告、依法披露有关财务、会计资料，公司除法定的会计账簿外，不得另立会计账目，公司应当依法聘用会计师事务所对财务会计报告审查验证。公司会计核算遵循权责发生制原则。

二、财务管理的基本任务

公司财务管理的基本任务有：①筹集资金和有效使用资金，监督资金正常运行，维护资金安全，努力提高公司经济效益；②做好财务管理基础工作，建立健全财务管理制度，认真做好财务收支的计划、控制、核算、分析和考核工作；③加强财务核算的管理，以提高会计资讯的及时性和准确性；④监督公司财产的购建、保管和使用，配合综合管理部定期进行财产清查；⑤按期编制各类会计报表和财务说明书，做好分析、考核工作。

三、公司财务会计报告

公司的财务会计报告由公司的会计报表（或会计表册）构成。所谓会计报表，指以货币形式综合反映公司在一定时期内生产经营活动和财务状况的书面报告文件。公司制作财务会计报告的时间是每一会计年度终了时。我国的会计年度是指公历 1 月 1 日起至 12 月 31 日止。此外，公司的财务会计报告必须经法定机构依法审查验证，即公司的财务会计报告必须经会计师事务所审计，由会计师事务所作为独立的第三方，对公司的财务会计报告做出客观公正的评价。

公司应当向聘用的会计师事务所提供真实、完整的会计凭证、会计账簿、财务会计报告及其他会计资料，不得拒绝、隐匿、谎报；公司聘用、解聘承办公司审计业务的会计师事务所，应依照公司章程的规定，由股东会、股东大会或者董事会决定。

第十节　公司合并、分立、增资、减资

一、公司合并

1. 合并的概念

公司合并，是指将两个或者两个以上单独的公司合并形成一个商业主体的交易或事项 。通过合并行为的完成，合并前多家公司的财产变成一家公司的财产，多个法人变成一个法人。公司合并是资本集中从而市场集中的基本形式。

2. 合并的目的

公司合并的主要目的包括：①加快发展，如为了尽快扩大市场占有率；②经营和生产多元化；③控制原材料、资源、以获得更大的市场支配力；④实现规模经济，组织大批量生产；⑤获得税收、金融上的好处，这种动机与政府政策和金融企业的政策有关；⑥吸收技术和经营管理能力，如为了获得某项技术，购买掌握这项技术的企业；⑦救济经营不善的企业；⑧便于安排人事。

3. 公司合并的法律特征

①公司合并的当事人是公司本身、而非公司股东。作为一种民事法律行为，其当事人是公司本身，而非公司股东。②公司合并必须依法定程序进行。但其涉及相关公司股东、债权之利益，并可能关联国有资产权属移转，必须依法对合并行为予以规范。对于特殊类型的公司合并，除了依法订立合并协议以外，还要经过有关部门的批准，例如我国《公司法》第一百八十三条规定：“股份有限公司合并或者分立，必须经国务院授权的部门或者省级人民政府批准。”③公司合并是一种协议行为，而非行政行为。④公司合并中的公司类型受到限制。

多数国家的公司法对于公司合并采取种类限制主义，要求只有同类责任形式的公司才可以合并。少数国家或地区采取非限制主义，不论合并公司属何种责任形式都可以合并。

4. 公司合并的形式

公司合并包括吸收合并和新设合并两种形式，吸收合并是指，一个公司吸收其他公司加入本公司，被吸收的公司解散。新设合并指，两个以上的公司合并设立一个新公司，各方解散。

5. 公司合并的程序

（1）合并协议的缔结。合并协议是公司合并的基础，是参加合并的各方在平等协商的基础上，就合并的有关事宜如合并的方式、存续或创立公司的组织，各方债权、债务的安排等达成的书面协议。合并协议缔结后，并非即刻发生效力，必须经过股东会议通过。股份有限公司还须经有关主管部门的批准后，始生效力。

（2）合并协议的通过、批准。公司合并事关股东权益，必须由股东大会通过。根据我国《公司法》第三十八、第三十九条和第一百零三、第一百零六条的规定，有关公司合并属于公司重大事项，适用特殊表决程序，有限责任公司必须经代表 2/3 以上表决权的股东通过，股份有限公司必须经出席会议的股东所持表决权的 2/3 以上通过。此外涉及股份有限公司的合并协议，必须报请国务院授权的部门或者省级人民政府批准。

（3）资产负债表及财产清单的编制。资产负债表是反映公司资产及负债状况、股东权益的主要会计报表。资产负债表是公司合并中必须编制的报表。公司还要编制财产清单，为清晰反映公司的财产状况，应翔实准确，做到账实相符。

（4）履行债权人保护程序。为保护公司的债权人利益，各国公司法都在公司合并程序中规定了债权人保护措施，即要求在作出公司合并决议后，有及时通知或公告债权人的义务。在法定的期限内，债权人有权对公司的合并提出异议。公司对在法定期限内提出异议的债权人必须清偿债务或提供担保。逾期未提出异议的，则视为对公司合并的默认。

（5）办理合并登记。合并登记依照合并中不同公司的生灭变化经可分为三种情况办理工商登记：①设立登记，公司设立登记是公司从事经营活动的前提，非经设立登记，并领取营业执照，不得从事商业活动。②变更登记，存续公司因合并行为的完成，使其股东、公司章程、资本结构均发生了重大变化，需办理变更登记。③注销登记，无论新设合并、吸收合并都必须导致其中一方或多方当事公司主体资格的消灭。这也是我国《公司法》第一百零九条规定法定解散的情形之一，因此必须向工商行政管理机关办理注销登记。

二、公司分立

1. 概念

公司分立，是指一个公司依法分为两个以上的公司。

2. 分立的形式

公司以其部分财产和业务另设一个新的公司，原公司存续。

公司以其全部财产分别归入两个以上的新设公司，原公司解散。

3. 公司分立的条件

公司分立时，应当编制资产负债表及财产清单。公司应当自作出分立决议之日起 10 日内通知债权人，并于 30 日内在报纸上至少公告三次。债权人自接到通知书之日起 30 日内，未接到通知书的自第一次公告之日起 90 日内，有权要求公司清偿债务或者提供相应的担保。不清偿债务或者不提供相应的担保的，公司不得分立。公司分立前的债务按所达成的协议由分立后的公司承担。

4. 公司分立程序

公司分立应经由以下程序：

（1）公司董事会拟订公司分立方案。此与公司合并类似。但在公司分立方案中，

除应当对分立原因、目的、分立后各公司的地位、分立后公司章程及其他相关问题作出安排外，特别应妥善处理财产及债务分割问题。

（2）公司股东会关于分立方案的决议，公司分立属于《公司法》上所称重大事项，应当由股东会以特别会议决议方式决定。股东会决议通过方案时，特别要通过公司债务的分担协议，即由未来两家或多家公司分担原公司债务的协议。为了保证分立方案的顺利执行，应当同时授权董事会具体实施分立方案。该授权包括向国家主管机关提出分立申请、编制其他相关文件等事项。

（3）董事会编制公司财务及财产文件。根据《公司法》第一百七十六条的规定，公司分立时应当进行财产分割。为妥善处理财产分割，应当编制资产负债表及财产清单。经股东会授权后，应当由董事会负责实施。

（4）政府主管机关的批准，此与公司合并须经政府主管机关批准的规则在本质上相同，即公司分立应以政府批准为前提。

（5）履行债权人保护程序

根据《公司法》第一百七十六条规定，债权人保护程序主要涉及分立公告及债务清偿程序：第一，在分立决议做出后的10日内，将分立决议通知债权人，并于30日内在报纸上公告；第二，债权人自接到通知书之日起30日内，未接到通知书的自第一次公告之日起45日内，有权要求公司清偿债务或者提供相应的担保。不清偿债务或者不提供相应担保的，公司不得分立。

三、公司减资

1. 概念

公司减资是指公司资本过剩或亏损严重，根据经营业务的实际情况，依法减少注册资本金的行为。

2. 公司减资的条件

公司减资，无论是否造成剩余资本少于法定标准的情况，都必须符合法律规定。为了切实贯彻资本确定原则，确保交易安全，保护股东和债权人利益，减资要从法律上严加控制。按照资本不变原则，原则上公司的资本是不允许减少的。

考虑到一些具体情况我国法律允许减少资本，但必须符合一定的条件。从实际情况看，应具备下列条件之一：

（1）原有公司资本过多，形式资本过剩，再保持资本不变，会导致资本在公司中的闲置和浪费，不利于发挥资本效能，另外也增加了分红的负担；

（2）公司严重亏损，资本总额与真实资产悬殊，公司资本已失去应有的证明公司资信状况的法律意义，股东也因公司连年亏损得不到应有的回报。

3. 公司减资应遵守法定的程序

公司减资应遵守法定的程序包括：

（1）股东会决议。该决议内容包括：①减资后的公司注册资本；②减资后的股东利益、债权人利益安排；③有关修改章程的事项；④股东出资及其比例的变化等。公司作出减资决议时，应注意公司减少资本后的注册资本不得低于法定的最低限额。

(2) 编制资本负债表及财产清单。

(3) 通知或公告债权人。公司应当自作出减少注册资本决议之日起 10 日内通知债权人，并于 30 日内在报纸上公告。债权人自接到通知书之日起 30 日内，未接到通知书的自第一次公告之日起 45 日内，有权要求公司清偿债务或者提供相应的担保。

(4) 变更登记。

公司减资是受到严格限制的，限制的根本目的是为确保交易安全，保护股东和债权人利益。因此在减资的程序中，减资协议必须经股东代表 2/3 以上表决权的股东通过，且要公告或通知债权人，保证债权人有提出清偿或要求提供担保的机会，最终减资后的剩余资本须符合法定限制。

四、公司增资

1. 概念

公司增资是指公司为扩大经营规模、拓宽业务、提高公司的资信程度而依法增加注册资本金的行为。

2. 公司增资流程

公司增资的流程有：①按原出资比例股东将要增加的资本划入股东个人账户；②公司开立临时验资账户；③将要增加的资本以投资款形式从股东的个人账户转入公司临时验资账户（有限责任公司增加注册资本时，股东认缴新增资本的出资，依照公司设立的出资有关规定执行）；④将相关单据收讫，会计事务所开具验资报告；⑤将增资资本从公司临时验资账户转账到该公司的企业基本账户；⑥变更相关证件。

3. 增资后的相关变更

公司增资后需提交下列文件，去注册地的工商部门申请变更：①公司法定代表人签署的《公司变更登记申请书》；②股东会关于增加注册资本的决议；③公司章程修正案或者新的公司章程。具有法定资格的验资机构出具的验资报告及高新技术成果出资协议作价的协议书；④公司增加新股东的，提交新股东的法人资格证明或者自然人身份证明；⑤公司《企业法人营业执照》正、副本原件。

第十一节　公司解散和清算

一、公司解散

公司解散的原因有：①公司章程规定的营业期限届满或者公司章程规定的其他解散事由出现；②股东会或者股东大会决议解散；③因公司合并或者分立需要解散；④依法被吊销营业执、责令关闭或者被撤销；⑤人民法院予以解散。

二、解散时的清算

1. 清算组成立的时间

按照我国目前《中华人民共和国破产法》及相关司法解释的规定，企业因经营管理不善而严重资不抵债后可以向当地人民法院申请破产；企业的债权人也可以向债务人所在地的人民法院提起破产清算的偿债程序。人民法院在宣告企业破产之日起 15 日内便可成立清算组，接管破产企业。

2. 清算组的组成

在我国，有限责任公司由股东组成，股份公司由董事会或者股东大会指定的人组成，逾期不成立的，由债权人申请人民法院指定清算组。

3. 清算组的职权

清算组的职权包括：①清理公司财产，编制资负债表和财产清单；②通知、公告债权人；③处理与清算有关的公司未了结的业务；④清缴所欠税款已经清算过程所产生的税款；⑤清理债权；⑥处理清偿债务后剩余财产；⑦代表公司参与民事诉讼活动。

4. 清算工作程序

清算组清算工作要经过以下程序：①登记债权；②清理公司财产，制订清算方案；③清偿债务；④公告公司终止。

第三章 合伙企业法

第一节 个人独资企业

一、个人独资企业的概念和法律特征

1. 个人独资企业的概念

个人独资企业指在中国境内，有一个自然人投资，财产为投资人个人所有，投资人以其个人财产对企业债务承担无限责任的经营实体。

2. 法律特征

作为投资人以其个人财产，对企业债务承担无限责任的经营实体。个人独资企业的特征有：①个人独资企业是有一个自然人投资的企业，投资人只能是自然人，不包括法人。②个人独资企业的投资人对企业的债务承担无限责任。个人独资企业的投资人以其个人财产对企业债务承担无限责任。这是在责任形态方面独资企业与公司（包括一人有限责任公司）的本质区别。所谓投资人以其个人财产对企业债务承担无限责任，包括三层意思：一是企业的债务全部由投资人承担；二是投资人承担企业债务的责任范围不限于出资，其责任财产包括独资企业中的全部财产和其他个人财产；三是投资人对企业的债权人直接负责。换言之，无论是企业经营期间还是企业因各种原因而解散时，对经营中所产生的债务如不能以企业财产清偿，则投资人须以其个人所有的其他财产清偿。③个人独资企业的内部机构设置简单，经营管理方式灵活。④个人独资企业是非法人企业不具备法人资格，具备独立的民事主体。

3. 个人独资企业和个体工商户的比较

个人独资企业虽然财产为投资人所有，但是它与个体工商户还是有很大的区别，主要体现在：①适用的法律不同；②个人独资企业只能由个人出资设立，二个体工商户既可以是个体设立也可以是家庭出资设立；③承担责任的方式有区别；④个人独资企业是经营实体，是一种企业组织形态，二个体工商户不采用企业形式。

二、个人独资企业法的概念和基本原则

1. 个人独资企业法的概念

从广义上讲，个人独资企业法是指，国家关于个人独资企业的各种法律规范的总称。从狭义上讲，个人独资企业法是指《中华人民共和国个人独资企业法》。

2. 个人独资企业法的基本原则

个人独资企业法的基本原则有：①依法保护个人独资企业的财产和其他合法权益；②个人独资企业从事经营活动必须遵守法律、平等竞争权、拒绝摊派权等；③个人独资企业应当依法履行纳税义务；④个人独资企业应当依法招用职工；⑤个人独资企业职工的合法权益受到法律保护。

三、个人独资企业的设立

我国《企业法》对个人独资企业设立的条件有以下规定：①投资人为一个自然人。投资人只能是自然人，不包括法人。只能是具有中国国籍的自然人、不包括港澳台同胞。国家公务员、党政机关领导干部、法官、检察官、警官、商业银行工作人员等，不得投资设立个人独资企业。②有合法的名称，不得使用“有限”“有限责任”或者“公司”字样 。③投资人可以以货币出资，也可以用实物、土地使用权、知识产权或者其他财产权利出资，但不能以“劳务”出资，投资人也可以以个人财产出资，也可以以家庭共有财产作为个人出资。投资人在申请企业设立时，明确以家庭共有财产作为个人出资的，应当依法以家庭共有财产对企业债务承担无限责任。④有固定的生产经营场所。⑤有必要的从业人员。与生产经营范围、规模相适应的从业人员。

四、个人独资企业的事务管理

个人独资企业事务管理的方式，个人独资企业主要是通过自行管理和委托或者聘用其他具有民事行为能力的人负责企业的事务管理。

个人独资企业应当依法制定会计账簿，进行会计核算。个人独资企业招用职工的，应当依法与职工签订劳动合同，参加社会保险，为职工缴纳社会保险费。可以依法申请贷款，取得土地使用权。不得强制个人独资企业提供财力、物力、人力。

五、个人独资企业的解散和清算

1. 解散的情形

当个人独资企业出现以下情形时，企业解散：①投资人决定解散；②投资人死亡或者被宣告死亡，无继承人或者继承人决定放弃继承；③被依法吊销营业执照；④法律、行政法规定的其他情形。

2. 解散的清算

个人独资企业解散的应当在清算前 15 日内书面通知债权人，无法通知的，应予以公告。债权人在接到通知书之日起 30 日内，未接到通知的应当在公告之日其 60 日内向投资人申报债权，并进行财产清偿，财产清偿的内容有：所欠工资和社会保险费用、所欠税款以及其他债务。其中，清算期间要求投资人不得开展与清算目的无关的经营活动，并且在按法律规定的财产清偿顺序清偿债务之前，投资人不得转移、隐匿财产。

个人独资企业解散后，原投资人对个人独资企业存续期间的债务仍应当承担偿还责任，但债权人在5年内未向债务人提出偿还债请求的，在责任消灭，清算结束后，15日内办理注销登记。

第二节　合伙企业

一、普通合伙企业

普通合伙企业是指由普通合伙人组成，合伙人对合伙企业债务依照法律规定承担无限连带责任的企业。其中包括特殊的普通合伙企业，即对以专业知识专门技能为客户提供有偿服务的转业服务机构，可以设立为特殊的普通合伙企业。

二、合伙企业的设立

1. 设立的条件

普通合伙企业必须具备以下条件：①必须有书面协议。②有合伙人认缴或者实际缴付的出资没有最低限额。无论合伙人出资多少，最终对合伙企业的债务承担无限连带责任，因为合伙企业的资产信用及责任能力，并不仅限于合伙人的出资，而是很大程度上依赖合伙人本身的财产状况。③允许劳务出资，评估办法由全体合伙人协商确定，并在合伙协议中载明。

2. 合伙企业的设立登记

在合伙企业的设立过程中，申请人应向企业登记机关提交相关文件，其中包括：登记申请书、合伙协议书、合伙人的身份证明、审批文件以及其他法定证明文件。

通过的合伙企业应予以颁发营业执照自受理申请书之日起20日内，作出书面回复。营业执照签发之日，为合伙企业的成立日期。

三、合伙企业的财产构成

合伙企业的财产由以下内容构成：

1. 合伙人的出资

合伙人在合伙协议中载明认缴或者实缴的货币、实物、知识产权、土地使用权等财产或者权利。

2. 以合伙名义取得的收益

它包括：合伙企业的营业收入；合伙企业以自己的名义购买的各种财产；合伙企业财产受到侵害后获得的赔偿；合伙企业在经营过程中形成的无形财产权利，如商誉、企业名称价值等；合伙企业取得的知识产权等各种权利；依法取得的知识产权等各种权益如合伙企业获得的赠与，合伙企业财产的法定孳息等。

四、合伙企业的财产权

合伙企业的财产权是一种共同共有财产权，每个人的权利均及于合伙财产全部，

而不是及于自己的份额，不像按份共有人那样享有份额权，可以任意处分自己的份额。合伙清算前，合伙人不得请求分割企业财产，除非退伙。如果转让份额必须经全体合伙人同意。

如果合伙人按照合伙协议实际出资，再进行合伙登记的，则不准请求财产分割的时间为合伙人履行出资财产或者权利转移手续后，到合伙清算前。如果合伙人先在协议中认缴出资，再进行合伙企业设立登记，最后实际出资的，则不得请求财产分割的时间为合伙企业成立之后至清算前。合伙人在合伙企业中的财产中，依照出资数额或者合伙协议约定的比例分担利益或者分担亏损的份额。这种份额是形式上的数量比例，可以被视为在每一项合伙企业财产当中都占有相当比例的财产权利，而不会与某项实际的财产或权利直接联系。合伙企业不得以“合伙人私自转移或处分财产”为由，对抗善意第三人。

合伙企业的财产是相对独立于每个合伙人的企业财产，只有经过全体合伙人的一致同意，或者由全体合伙人委托的合伙事务执行人，才能对合伙企业财产进行转移或者处分，否则，某个人或者某些合伙人对合伙企业财产的处分和转移都是非法的。

我国确立了保护善意第三人的规则，即让善意第三人获得合伙企业财产的所有权或者其他权利，而让有过错的合伙人对合伙企业承担损害赔偿责任。合伙人不得私自以其在合伙企业的财产份额出质。必须经全体合伙人一致同意才能出质。

五、合伙事务的执行

合伙企业事务的执行方式有：①全体合伙人共同执行合伙企业事务；②通过合伙协议约定或者全体合伙人决定，由一名合伙人执行合伙企业事务；③通过合伙协议约定或全体合伙人决定，由数名合伙人共同执行合伙企业事务；④由全体合伙人分别执行合伙企业事务 。

执行合伙人的权力来源于两方面，一是他们本身是合伙人，有企业管理权；二是全体合伙人一致同意的授权。不执行合伙事务的合伙人有权监督执行事务合伙人执行合伙事务的情况。

如果受托人不履行忠诚、勤勉义务，这委托人可以随时撤销委托授权，解除委托合同和代理关系，并且可以要求受托人赔偿相应损失。合伙企业内部对合伙执行人权力的限制不得对抗善意第三人，执行合伙人是其他合伙人的代理人，也是合伙企业的法定代表人。

六、必须经合伙人一致同意的事项

以下事项必须经合伙人的一致同意：处分合伙企业的不动产、改变合伙企业名称、转让或者处分合伙企业的知识产权和其他财产权利事项、向企业登记机关申请办理变更登记手续、以合伙企业名义为他人提供担保、聘任合伙人以外的人担任合伙企业的经营管理人员、依照合伙协议约定的有关事项。

七、合伙企业和合伙人的债务清偿

合伙人的自有财产不足清偿其与合伙企业无关的债务的，该合伙人可以以其从合伙企业中分取的收益用于清偿；债权人也可以依法请求人民法院强制执行该合伙人在合伙企业中的财产份额用于清偿。其中，合伙企业财产优先清偿，合伙人负无限连带责任。请注意：补充性连带责任。补充性连带责任指债权人对债务人请求权受到顺序限制，债权人必须首先行使对前位次债务人的请求权仍不能满足债权时才能对后顺序债务人请求债务清偿。

八、合伙人之间的债务分担和追偿

合伙人由于承担无限连带责任，清偿数额超过规定的其亏损分担比例的，有权向其他合伙人追偿。合伙企业的亏损分担，按照合伙协议的约定办理；合伙协议未约定或者约定不明确的，由合伙人协商决定；协商不成的，由合伙人按照实缴出资比例分担；无法确定出资比例的，由合伙人平均分担。

合伙人之间的分担比例对债权人没有约束力。

某一合伙人实际支付的清偿数额超过其依照既定比例所应承担的数额，该合伙人有权就超过部分向其他未支付或者未支付应承担数额的合伙人追偿。它包括以下几种情形：该合伙人已经实际履行了连带清偿责任，并且数目超过了他应当承担的数额、被追偿人未实际承担或者未足额承担其应当承担的数额、追偿的数额不得超过追偿人超额清偿部分或者被追偿人未足额清偿部分的数额。

债权人不得代为行使合伙人在合伙企业中的权利，法律禁止合伙企业某一合伙人的债权人，以该债权抵销其对合伙企业的债务。经全体债权人同意，可签订债权转让协议，个人所欠债务，只能以从合伙中分得收益清偿。非经法院裁决，债权人不得直接以合伙人在合伙企业中的份额实现清偿。

当合伙人不能取得合伙企业收益或债权人不愿选择以收益清偿债权方式时，债权人虽不能代为行使合伙人对合伙的权利，不能自行要求合伙企业拆分合伙人在合伙企业中的财产份额，但是可以通过请求人民法院强制执行合伙人在合伙企业中的财产份额方式，请求清偿。

九、入伙

入伙，是指在合伙企业存续期间，原来不具有合伙人身份的公民经其他合伙人同意而取得合伙人资格的民事法律行为。

新合伙人入伙，应当经全体合伙人同意，并依法订立书面入伙协议。订立入伙协议时，原合伙人应当向新合伙人如实告知原合伙企业的经营状况和财务状况。入伙的新合伙人和原合伙人享有同等权利，承担同等责任。理由是合伙财产是一种有担保的财产，合伙人以其全部财产作为债务担保。新合伙人入伙前必然要了解合伙负债状况，

同意入伙就意味着承认、接受合伙债务，入伙的财产属于合伙企业财产，可以用于清偿以前的债务，资产融合导致责任融合可以提高合伙企业的信誉，可以防止合伙人串通损害债权人利益。

《中华人民共和国合伙企业法》第四十四条规定："新合伙人入伙时，应当经全体合伙人同意，并依法订立书面入伙协议。订立入伙协议时，原合伙人应当向新合伙人告知原合伙企业的经营状况和财务状况。"合伙人入伙时，应当经全体合伙人同意，并依法订立书面入伙协议。

十、退伙

1. 概念

退伙是指已经取得合伙人身份的公民，使其本人合伙人身份归于消灭的法律行为和事实。

2. 退伙行为事由

退伙事由包括：①合伙协议约定的退伙事由出现；②全体合伙人同意退伙；③发生合伙人难以继续参加合伙的事由；④其他合伙人违反合伙协议约定的义务。

3. 未约定合伙期限时退伙的条件

未约定退伙期限的入伙人退伙时必须事先通知其他合伙人（30天内）而且必须避开合伙事业的繁忙时期，要完成其所担任的合伙事务，不能给合伙企业事务执行造成不利影响。

4. 法定退伙

法定退伙是指基于法律的规定以及法定事由而当然退伙的情况。法定退伙的事由包括：①死亡或者被依法宣告死亡；②被依法宣告为无民事行为能力人；③个人丧失偿债能力；④被人民法院强制执行在合伙企业中的全部份额。

5. 除名

除名是指合伙人因有严重违反合伙协议之规定或有其他重大不轨行为，损害了合伙企业之利益或威胁合伙企业生存与发展而被其他合伙人一致决定开除的行为。除名的事由包括：①未履行出资义务；②因故意或重大过失给合伙企业造成损失；③执行合伙企业事务时有不正当行为；④合伙协议约定的其他事由（必须合法）。

6. 退伙的法律后果

（1）合伙人死亡的法律后果。合伙人死亡或被宣告死亡的，其合法继承人经全体合伙人同意，可以继承其在合伙企业中的财产份额为合伙人。合伙人不同意或继承人不愿意为合伙人的，则可由合伙企业退还其应得之财产份额给继承人。继承人为未成年人的，经其他合伙人一致同意，由其监护人代行其权利。

（2）合伙人非因死亡而退伙的法律后果。其他合伙人应与其就当时合伙企业之财产负债现状进行结算，退还退伙人应得之财产，此时如有未了结之业务，待了结后进行结算。

(3) 退伙结算方式。按照合伙协议或全体合伙人协商，可以是货币，也可以为实物，退伙时如企业处于亏损状态，则退伙人应按照合伙协议的约定或无约定时平均分担的方式分担亏损。

(4) 退伙人退伙后对退伙前债务的责任承担。合伙经营期间发生亏损，合伙人退出合伙时未按约定分担或未合理分担合伙债务的，退伙人对原合伙的债务应当承担清偿责任。退伙人已分担合伙债务的，对其参加合伙期间的全部债务仍负连带责任。退伙人对企业债务承担连带责任的期限是五年。

第三节　有限合伙企业

一、有限合伙企业的概念

有限合伙企业是指一名以上普通合伙人与一名以上有限合伙人所组成的合伙企业。虽然在表面上及一些具体程序与做法上，有限合伙企业是介于合伙与有限责任公司之间的一种企业形式，但必须强调的是，在本质上它是合伙的特殊形式之一，而不是公司。

二、有限合伙企业设立的条件

有限合伙企业合伙人人数在 2 人以上 50 人以下（法律另有规定的除外）。仅有一人不能设立合伙企业，而只能成立个人独资企业或个体工商户。合伙企业由于各种原因只剩下一个合伙人且这种状态持续 30 天以上时，则合伙企业解散其中必须要有一名普通合伙人。

国有独资公司、国有企业、上市公司以及公益性的事业单位、社会团体不得成为有限合伙企业的合伙人。如果该合伙企业仅剩有限合伙人，合伙企业应当解散；有限合伙企业仅剩普通合伙人的，应当转为普通合伙企业。有限合伙企业由普通合伙人和有限合伙人组成，其中普通合伙人负责合伙企业事务执行与对外代表，并对合伙企业债务承担无限连带责任；有限合伙人不执行合伙事务，对合伙企业债务仅以出资额为限承担有限责任。

有限合伙企业的名称，必须标明“有限合伙”字样。

有限合伙协议应当包括：①普通合伙人的姓名或者名称、住所；②执行事务合伙人应具备的条件和选择程序；③执行合伙人权限与违约处理办法；④执行事务合伙人的除名条件和更换程序；⑤有限合伙人入伙、退伙的条件、程序以及相关责任；⑥有限合伙人和普通合伙人相互变更的程序。

有限合伙人不得以劳务出资，有限合伙企业设立最初所需要的资金、财物、场地等无法具体落实，往往成为空壳企业。劳务出资是以合伙人未来劳动收益作为对企业的投资。这种收益具有不确定性和特定人身性，既不利于在市场上的转让，也不利于

法律上的强制执行。有限合伙企业登记应当载明有限合伙人的姓名或者名称及认缴的出资数额。

三、有限合伙企业事务执行

1. 有限合伙企业事务执行人

有限合伙企业由普通合伙人执行合伙事务。在有限合伙企业中，由普通合伙人从事合伙企业事务，并且对事务执行的效果承担无限连带责任，这种制度设计促使每一个普通合伙人谨慎经营，同时也促使其尽量监督其他普通合伙人的事务执行行为。有限合伙人不得从事合伙事务执行。合伙人不能通过合伙协议或者约定方式，赋予有限合伙人合伙事务执行权，即合伙人之间的预定不能对抗法律强制性规定。

2. 有限合伙企业事务执行人的报酬

有限合伙企业对执行事务合伙人是否支付报酬应当由全体合伙人决定，事务执行报酬应当在合伙协议中确定。禁止有限合伙人执行合伙事务。

3. 有限合伙企业利润分配

有限合伙企业不得将全部利润分配给部分合伙人，但是合伙协议另有约定的除外。

4. 有限合伙人权利

有限合伙人可以同本企业进行交易，也可以经营与本企业相竞争的业务。

四、有限合伙企业财产出质与转让的特殊规定

1. 有限合伙人份额出质

有限合伙人可以将其在有限合伙企业中的财产份额出质，但是合伙协议有约定的除外。我国法律允许有限合伙人对财产份额自由出质，因为有限合伙人不参与合伙事务执行，如果以其财产份额出质，即使发生财产份额质权执行的情形，也仅发生有限合伙人的变更，而不影响合伙企业事务执行，从而对企业稳定经营影响不大。

2. 有限合伙人财产份额转让

有限合伙人可以按照合伙协议的约定向合伙人以外的人转让其在有限合伙企业中的财产份额，但应当提前30日通知其他合伙人。如果有限合伙人将其财产份额转让给普通合伙人，普通合伙人的地位不发生变化，其仍享有对合伙企业事务的执行权。同时，普通合伙人应当以其全部财产包括受让的财产份额对合伙企业债务承担无限连带责任。

五、有限合伙人债务清偿的规定

有限合伙人清偿其与该合伙企业无关的债务时，首先以自有财产进行清偿，只有在自有财产不足以清偿时，有限合伙人才可以使用其在有限合伙企业中分取的收益进行清偿，也只有有限合伙人的自有财产不足以清偿其与合伙企业无关的债务的，人民法院才可以应债权人要求强制执行该合伙人在有限合伙企业中的财产份额用于清偿。

六、有限合伙企业入伙与退货的特殊规定

1. 入伙

新入伙的有限合伙人对入伙前有限合伙企业的债务，以其认缴的出资额为限承担责任。

2. 退伙

有限合伙人当然退伙，合伙人有下列情形之一的，当然退伙：①作为合伙人的自然人死亡或者被依法宣告死亡；②个人丧失偿债能力；③作为合伙人的法人或者其他组织依法被吊销营业执照、责令关闭撤销，或者被宣告破产；④法律规定或者合伙协议约定合伙人必须具有相关资格而丧失该资格；⑤合伙人在合伙企业中的全部财产份额被人民法院强制执行。合伙人被依法认定为无民事行为能力人或者限制民事行为能力人的，经其他合伙人一致同意，可以依法转为有限合伙人，普通合伙企业依法转为有限合伙企业。

有限合伙人丧失民事行为能力的不能要求其退伙，合伙人死亡或者依法被宣告死亡的，对该合伙人在合伙企业中的财产份额享有合法继承权的继承人，按照合伙协议的约定或者经全体合伙人一致同意，从继承开始之日起，继承人取得该合伙企业的合伙人资格。

有下列情形之一的，合伙企业应当向合伙人的继承人退还被继承合伙人的财产份额：①继承人不愿意成为合伙人；②法律规定或者合伙协议约定合伙人必须具有相关资格，而该继承人未取得该资格；③合伙协议约定不能成为合伙人的其他情形。合伙人的继承人为无民事行为能力人或者限制民事行为能力人的，经全体合伙人一致同意，可以依法成为有限合伙人，普通合伙企业转为有限合伙企业。

有限合伙人退伙后，对于退伙前的债务，依其退伙时从合伙企业中退回的资本额承担有限责任。

第四章　外商投资企业法

第一节　外商投资企业简述

一、外商投资企业的概念与特征

1. 概念

外商投资企业是指依照中国法律规定，中国投资者和外商投资者共同投资或仅由外国投资者投资的，在中国境内设立的企业。

2. 特征

外商投资企业的特征有：投资主体必须是外国投资者，中方投资须注意：①中方投资不能是个人（外方可以是个人）、政府（外资企业属民间投资，政府之间合作、对外援助都不属于民间经济合作关系），目前港澳台地区仍属于外资；②外商投资企业具有中国国籍，是中国法人，外商投资企业是按照中国法律在中国境内设立的企业，因此，属于具备中国国籍，属于中国管辖；③外资投资企业属于私人直接投资。直接投资是指投资者将资金投入企业，并不同程度地参与企业经营决策，通过企业赢利分配获取投资收益的投资方法。凡利用外国政府或各国政府共同设立的国际经济组织的资金兴办的企业，均不属于外商投资企业范畴，凡利用外国人借款，租赁等间接投资方式兴办的企业也不属于外商投资企业范畴。

二、外商投资企业的种类

外商投资企业包括中外合资经营企业、中外合作经营企业、外资企业、中外合作股份有限公司。

1. 中外合资经营企业

中外合资经营企业是中外合营者对企业都有投资，并以同一货币计算投资、按投资比例分配利润、承担风险和进行清算。

2. 中外合作经营企业

中外合作经营企业的中外合营者对企业都有投资，但可以将各自的投资不作价，以提供条件与对方合作经营，不计算投资比例，不按投资比例分配，承担风险和进行清算。

3. 外资企业

外国的公司、企业和其他经济组织或个人，依照中国的法律和行政法规，经中国政府批准，设在中国境内的，全部资本由外国投资者投资的企业。

4. 中外合资股份有限公司

中外合资股份有限公司，是指依法设立的，全部资本由等额股份构成，股东以其所认购的股份对公司承担责任，公司以其全部财产对公司债务承担责任，境内和境外投资者共同购买并持有公司股份的企业法人。

三、外商投资企业的权利

外商投资企业的权利有：生产经营计划权、资金筹措使用权、物质采购权、产品销售权、外汇收入使用权以及劳动用工管理权。

四、外商投资企业的投资项目种类

外商投资企业的投资项目分为鼓励类外商投资项目、限制类外商投资项目、禁止类外商投资项目和允许类外商投资项目。

第二节　外国投资者并购境内企业

一、外国投资者并购境内企业形式

1. 股权并购

外国投资者股权并购主要有两种形式：①认购存量股权，外国投资者协议购买境内非外商投资企业股东的股权使该境内公司变更设立为外商投资企业；②认购增资股本，外国投资者协议认购境内非外商投资企业的增资使该境内公司变更设立为外商投资企业。

2. 资产并购

外国投资者可以先设立企业后购买资产。外国投资者设立外商投资企业，并通过该企业协议购买境内企业资产且运营该资产。也可以先购买资产后设立企业，并以该资产投资设立外商投资企业并运营该资产。

二、外国投资者并购境内企业应遵循的原则

外国投资者并购境内企业应遵循的原则有：①遵守中国法律，遵循等价有偿原则，诚实信用原则，不得造成过度集中、排除或限制竞争，不得扰乱社会经济秩序和损害社会公共利益，不得导致国有资产流失；②符合《外商投资产业指导目录》；③设计企业国有产权转让和上市公司国有股权转让管理事宜的，应当遵守国有资产管理的相关规定；④依法纳税；⑤遵守外汇管理条例。

三、外国投资者并购境内企业的要求

境内公司、企业或者自然人以其在境外核发设立或者控制的公司的名义并购与其

有关联关系的境内公司，应报商务部审批。外国投资者并购境内企业并取得控制权，涉及重点行业，存在影响或者可能影响国家经济安全或者导致拥有驰名商标或者中华老字号的境内企业实际控制权转移的，当事人应当向商务部进行申报。

股权并购后所设外资投资企业承继被并购境内公司的债权和债务资产。并购出售资产的境内企业承担其原有的债权和债务。并购当事人应以资产评估机构对拟转让的股权价值或拟出售资产的评估结果作为确定交易价格的依据。

四、外国投资者并购境内企业的注册资本和投资总额

(1) 外国投资者购买股权而变更设立为外商投资企业的注册资本，等同于原境内公司注册资本。

例如，境内企业A公司注册资本为500万元，B外国投资者购买A公司60%的股权设立C外商投资企业，则C外商投资企业的注册资本仍为500万元，B外国投资者在C外商投资企业的投资比例为60%。

(2) 股权并购境内公司同时增资（包括认购境内公司的增资）的注册资本，等同于原境内公司注册资本加上增资额。

例如，境内企业A公司注册资本为500万元，B外国投资者购买A公司60%的股权，并按其出资比例认购180万元的增资而设立C外商投资企业，则C外商投资企业的注册资本＝500万元＋（180万元÷60%）＝800万元，B外国投资者在C外商投资企业的投资比例仍为60%。

(3) 外国投资者的出资比例，外国投资者在并购后所设外资投资企业注册资本中的出资比例一般不低于25%。

(4) 外国投资者并购境内企业的投资总额要求：注册资本是为设立法人企业在登记管理机构登记的资本总额，应为投资各方交付或认缴的出资额之和。而投资总额是指按照企业章程规定的生产规模需要投入的基本建设资金和生产流动资金的总和。

投资总额是外商投资企业法中的特有概念，在内资企业中并不存在投资总额的概念。在组成上，投资总额实际上包括投资者缴付或认缴的注册资本和外商投资企业的借款。这与现在很多项目公司最低自有资金的限制存在相似之处。

投资总额的概念出现的历史原因在于对外开放之初，所谓的外商投资企业其实质还是项目公司意义上的企业，并不是一般意义上的市场主体——是为了一个具体的建设项目而在有效期限内存在的企业。国家在批准设立外商投资企业的同时，就批准了该外商投资企业的规模，这个规模就是外商投资企业投资总额。

在对外资的实际监管中投资总额具有四方面意义，第一，依据投资总额确定外商投资企业的注册资本；第二，依据投资总额确定外商投资企业免税进口自用设备的额度；第三，依据投资总额确定外商投资企业外汇贷款的额度；第四，依据投资总额确定外商投资企业的审批权限划分。

因此，关于外商投资企业的投资总额其实很重要，并非可随意填报，应该在外商

投资企业设立之初即应考虑。

关于外商投资企业的审批权限，一般投资总额在 3000 万美元以下的可以由省级对外贸易经济主管部门直接审批，但是根据法律、行政法规和部门规章的规定，属于应由商务部审批的特定类型或行业的外商投资企业，省级审批机关应将相关文件转报商务部，由商务部依法决定批准与否。另外，外商投资企业的登记机关与审批机关是相对应的，如商务部负责审批的，则申请人取得外商投资企业批准证书后应到国家工商行政管理总局做企业登记。

五、外国投资者并购境内企业的出资

按照并购的不同方式，股权并购和资产并购的出资期限可以做如下分类：①一次交付对价，外国投资者并购境内企业设立外商投资企业，外国投资者应自外商投资企业营业执照颁发之日起 3 个月内向转让股权的股东，或出售资产的境内企业支付全部对价。②分期缴付对价，对特殊情况需要延长者，经审批机关批准后，应自外商投资企业执照颁发之日起 6 个月内支付全部对价的 60%以上，1 年内付清全部对价，并按实际缴付的出资比例分配收益。例如，外国甲企业并购境内某国有独资公司 60%的股权，将其变更为外商投资企业，假设股权支付价款为 120 万元。如果合同约定一次支付的，那么应自外商投资企业营业执照颁发之日起 3 个月内向转让股权的股东支付；如果分期支付的，那么自外商投资企业营业执照颁发之日起 6 个月内支付全部价款的 60%以上，一年内付清全部价款。

设立外商投资企业，并通过该企业协议购买境内企业资产且运营该资产的，对与资产对价等额部分的出资，投资者应在以上中国规定的对价支付期限缴付。

外国投资者认购境内公司增资，有限责任公司和以发起方式设立的境内股份有限公司的股东应当在公司申请外商投资企业营业执照时缴付不低于 20%的新增注册资本，其余部分的出资时间应当符合有关外商投资的法律和《中华人民共和国公司登记管理条例》的规定。

外国投资者出资比例低于 25%的出资期限，现金出资，应当自外商投资企业营业执照颁发之日起 6 个月内缴清。非现金资产出资，应自外商投资企业营业执照颁发之日起 6 个月内缴清。

其他特殊规定有：①外国投资者在并购后所设外商投资企业注册资本中的出资比例高于 25%的，该企业享受外商企业待遇；②外国投资者在并购后所设外商投资企业注册资本中的出资比例低于 25%的，除法律和行政法规有规定外，该企业不享受外商投资企业待遇；③境内公司以其在境外核发设立或者控制的公司的名义并购与其有关联关系的境内公司，所设立的外商投资企业不享受外商投资企业待遇；但该境外公司对境内公司增资，或者该境外公司向并购后所设企业增资，增资额占所设企业注册资本的比例达到 25%以上的除外。

六、外国投资者并购境内企业的审批与登记

审批机关应当自收到全部申请文件之日起30日内，依法决定批准或不批准，投资者应当自收到批准证书之日起30日内，向登记机关申请办理设立登记。

第三节　中外合资经营企业

一、中外合资经营企业法的概述

1. 中外合资经营企业的概念

中外合资经营企业，是指中国合营者与外国合营者依照中华人民共和国法律的规定，在中国境内共同投资、共同经营，并按投资比例分享利润、分担风险及亏损的企业。

2. 中外合资经营企业的特征

（1）在中外合资经营企业的股东中，外方合营者包括外国的公司、企业、其他经济组织或者个人，中方合营者则为中国的公司、企业或者其他经济组织，不包括中国公民个人。

（2）中外合资经营企业的组织形式为有限责任公司，具有法人资格，作为股东的中外合营各方以投资额为限对企业债务承担有限责任。

（3）在中外合资经营企业的注册资本中，外方合营者的出资比例一般不得低于25%。

（4）中外各方依照出资比例分享利润，分担亏损，回收投资。

（5）合资企业不设股东会，其最高权力机构为董事会。董事会成员由合营各方按投资比例协商分配，并载明于合营企业合同和章程。合营企业一方对他方委派的董事不具有否决权，但董事的资格应当不违反《公司法》关于董事任职条件的规定。

二、中外合资经营企业的设立

1. 设立合资企业的条件

在中国境内设立的合资企业应当能够促进中国经济的发展和科学技术水平的提高，有利于社会主义现代化建设。申请设立的合资企业有下列情况之一的，不予批准：

（1）有损中国主权的；

（2）违反中国法律的；

（3）不符合中国国民经济发展要求的；

（4）造成环境污染的；

（5）签订的协议、合同、章程明显属不公平，损害合营一方权益的。国家鼓励、允许、限制或者禁止设立合资企业的行业，按照国家指导外商投资方向的规定及外商投资产业指导目录执行。随着我国经济的发展和加入世界贸易组织的要求，国家将会

逐步放宽外商投资企业的行业限制。

2. 设立合资企业的申请

申请设立合资企业，应向审批机关报送以下正式文件：

（1）设立合资企业的申请书；

（2）合资各方共同编制的可行性研究报告；

（3）由合资各方授权代表签署的合资企业协议、合同和章程；

（4）由合资各方委派的合资企业的董事长、副董事长、董事人选名单；

（5）审批机构规定的其他文件。

3. 合资企业协议、合同与章程

合资企业协议是指合资各方对设立合资企业的某些要点和原则达成一致意见而订立的文件。

合资企业合同是指合资各方为设立合资企业就相互权利、义务关系达成一致意见而订立的文件。合资企业合同是合资各方就举办合资企业达成意思表示一致的内容全面的法律文件，是合资企业所有法律文件中最重要的。合资企业合同应当载明以下事项：

（1）合资各方的名称、注册国家、法定地址和法定代表人的姓名、职务、国籍；

（2）合资企业的名称、法定地址、宗旨、经营范围和规模；

（3）合资企业的投资总额，注册资本，合资各方的出资额、出资比例、出资方式、出资的交付期限以及出资额欠缴、股权转让的规定；

（4）合资各方利润分配和亏损分担的比例；

（5）合资企业董事会的组成、董事名额的分配以及总经理、副总经理及其他高级管理人员的职责、权限和聘用办法；

（6）采用的主要生产设备、生产技术及其来源；

（7）原材料购买及产品销售方式；

（8）财务、会计、审计的处理原则；

（9）有关劳动管理、工资、福利、劳动保险等事项的规定；

（10）经营权的期限、解散及清算程序；

（11）违反合同的责任；

（12）争议解决的方式；

（13）合同文本采用的文字和合同生效的条件。合资企业章程是由合资各方依据合资企业合同所确定的原则共同为合资企业制定的、规定合资企业的宗旨、法律地位、组织机构、经营活动等内容的法律文件。原则上，章程的效力高于合同的效力。

合资企业章程是按照合资企业合同规定的原则，经合资各方一致同意，规定合资企业的宗旨、组织原则和经营管理方法等事项的文件。合资企业协议与合资企业合同有抵触时，以合资企业合同为准。经合资各方同意，也可以不订立合资企业协议而只订立合资企业合同、章程。在上述各文件中，合资企业合同是最主要的法律文件，有

关合资企业合同的订立、效力、解释、执行及其争议的解决，均应适用中国的法律。

合资企业合同和合资企业章程须经合资各方签署并报审批机关审批后才能正式生效。其修改也须经同样的审批程序，未经审批前，即使合资各方签署了修改的合同或者章程，也不能产生法律效力。

4. 设立合资企业的审批

（1）设立合资企业的审批机关。在中国境内设立台营企业，必须经国务院对外经济贸易主管部门即商务部审查批准，发给批准证书。但具备以下两个条件的，国务院授权省、自治区、直辖市人民政府或国务院有关部门审批：

①投资总额在国务院规定的投资审批权限以内，中国合营者的资金来源已落实的。

②不需要国家增拨原材料，不影响燃料、动力、交通运输、外贸出口配额等的全国平衡的。后一类审批机关批准设立的合营企业，应报国务院对外经济贸易主管部门即商务部备案。

（2）设立合资企业的审批期限。审批机关自接到报送的全部文件之日起90天内决定批准或不批准。

5. 设立合资企业的登记

合资企业办理开业登记，应当在收到审批机关发给的批准证书后30天内，持批准证书、合同、章程、场地使用文件等，依据《企业法人登记管理条例》的规定，向登记主管机关即工商行政管理机关办理登记手续。登记事项主要包括：名称、住所、经营范围、投资总额、注册资本、法定代表人、营业期限、分支机构、股东姓名或名称等。合营企业的营业执照签发日期即为该合营企业的成立日期，凭借登记机关核发的企业法人营业执照，合资企业即可刻制印章、开设银行账号、办理税务和财产登记，开展生产经营活动。

三、中外合资经营企业的组织形式与注册资本

1. 合资企业的组织形式

合资企业的组织形式为有限责任公司。合资各方对合营企业的责任以各自认缴的出资额为限。合资各方缴付出资额后，应由中国的注册会计师验证，出具验资报告。然后，由合资企业根据验资报告发给合资各方证明其出资数额的出资证明书。

2. 合资企业的注册资本与投资总额

（1）合资企业的注册资本。

①合资企业的注册资本是指为设立合资企业在登记管理机构登记的资本总额。它是合资各方认缴的出资额之和。

②合资企业的注册资本在该企业合资期内不得减少。因投资总额和生产经营规模发生变化而确需减少的，须经审批机关批准。注册资本的增加或减少应由合资企业董事会会议通过，并报原审批机关批准，向原登记管理机构办理变更登记手续。

③在合资企业的注册资本中，外国合资者的投资比例一般不低于25%，特殊情况

需要低于该比例的（如高新技术产业的合资企业），需报国务院审批。

④合资各方的投资比例在一定条件下也是可以变化的。因为经合资他方同意和审批机关批准，合资一方可以向第三者转让其部分出资额；合资一方转让其全部或部分出资额时，合资他方有优先购买权。合资一方向第三者转让股权的条件，不得比向合资他方转让的条件优惠。违反上述规定的，其转让无效。

(2) 合资企业的投资总额。合资企业的投资总额是按照合资企业合同、章程规定的生产规模需要投入的基本建设资金和生产流动资金的总和。如果合资各方的出资额之和达不到投资总额，可以以合资企业的名义进行借款。在进种情况下，投资总额包括注册资本和企业借款。

四、中外合资经营企业合资各方的出资方式与出资期限

1. 合资各方的出资方式与要求合资各方可以用四类方式出资

(1) 货币。即以现金出资。

(2) 实物。即以建筑物、厂房、机器设备或其他物料作价出资。

(3) 工业产权、专有技术。

(4) 场地使用权。

2. 合资各方的出资期限

(1) 合资各方应当在合资合同中订明出资期限，并且应当按照合资合同规定的期限缴清各自的出资。对此，国家工商行政管理局和原对外经济贸易部于1988年1月1日，发布了经国务院批准的中外合资经营企业合资各方出资的若干规定及1997年9月29日发布的补充规定作出了具体规定。合资合同中规定一次缴清出资的，合资各方应当从营业执照签发之日起6个月内缴清。

(2) 合资合同中规定分期缴付出资的，合资各方的第一期出资不得低于各自认缴出资额的15%，并且应当在营业执照签发之日起3个月内缴清。

(3) 合资各方未能在合资合同规定的上述期限内缴付出资的，视同合资企业自动解散，合资企业批准证书自动失效。

(4) 合资各方缴付第一期出资后，超过合资合同规定的其他任何一期出资期限3个月，仍未出资或者出资不足时，工商行政管理机关应当会同原审批机关发出通知，要求合资各方在1个月内缴清出资。未按上述通知期限缴清出资的，原审批机关有权撤销对该合资企业的批准证书。合资一方未按照合资合同的规定如期缴付或者缴清其出资的，即构成违约，应当按照合同规定支付迟延利息或者赔偿损失。

五、中外合资经营企业的组织机构

1. 合资企业的权力机构

合资企业的董事会是合资企业的最高权力机构。董事会的职权是按合资企业章程的规定，讨论决定合资企业的一切重大问题。董事会的人数，由合资各方协商，在合

资企业合同、章程中确定，但不得少于3人。董事名额的分配，由合资各方参照出资比例协商确定。然后，由合资各方按照分配的名额分别委派董事。董事的任期为4年，经合资者继续委派可以连任。董事长和副董事长由合资各方协商确定或由董事会选举产生。中外合资者的一方担任董事长的，由他方担任副董事长。董事长是合资企业的法人代表。董事长不能履行职责时，应授权副董事长或其他董事代表合资企业。董事会会议每年至少召开一次，经1/3以上的董事提议，可召开董事会临时会议。董事会会议应有2/3以上董事出席方能举行。下列事项由出席董事会会议的董事一致通过方可作出决议：

(1) 合资企业章程的修改；

(2) 合资企业的终止、解散；

(3) 合资企业注册资本的增加、减少；

(4) 合资企业的合并、分立。其他事项，可以根据合资企业章程载明的议事规则作出决议。

2. 合资企业的经营管理机构

合资企业的经营管理机构负责企业的日常经营管理工作。经营管理机构设总经理1人，副总经理若干人，其他高级管理人员若干人。总经理、副总经理可以由中国公民担任，也可以由外国公民担任。总经理或者副总经理不得兼任其他经济组织的总经理或者副总经理，不得参与其他经济组织对本企业的商业竞争。

六、中外合资经营企业的合资期限与解散

1. 合资企业的合资期限

合资企业的合资期限，按不同行业、不同情况作不同的约定。有的行业的合资企业，应当约定合资期限；有的行业的合资企业，可以约定合资期限也可以不约定合资期限。约定合资期限的合资企业，合资各方同意延长合资期限的，应在距合资期满6个月前向审批机关提出申请。审批机关应自接到申请之日起1个月内决定批准或不批准。

2. 合资企业的解散

已经开业的合资企业，具有下列情况之一时解散：

(1) 合资期限届满；

(2) 企业发生严重亏损，无力继续经营；

(3) 合资一方不履行合资企业协议、合同、章程规定的义务，致使企业无法继续经营；

(4) 合资企业因自然灾害、战争等不可抗力遭受严重损失，无法继续经营；

(5) 合资企业未达到其经营目的，同时又无发展前途；

(6) 合资企业合同、章程所规定的其他解散原因已经出现。在发生上述第2、第3、第4、第5、第6种情况时，应由董事会提出解散申请，报审批机关批准，在上述第

3种情况下，不履行合资企业协议、合同、章程规定的义务一方，应对合资企业由此造成的损失负赔偿责任。

第四节　中外合作经营企业

一、中外合作经营企业的概念及其特征

1. 中外合作经营企业的概念

中外合作经营企业，是指中国合作者与外国合作者依照中华人民共和国法律的规定，在中国境内共同举办的，按合作企业合同的约定分配收益或者产品、分担风险和亏损的企业。中国合作者包括中国的企业或者其他经济组织，外国合作者包括外国的企业和其他经济组织或者个人。

2. 中外合作经营企业的特征

(1) 中外合作经营企业属于契约式的合营企业。由不同投资者共同举办的共同经营企业有两大类，一类属股权式合营企业如中外合资经营企业，一类是契约式的合营企业即中外合作经营企业。企业的重大事宜包括（中外合作者按何种比例进行收益或者产品的分配、风险和亏损的分担）是在合作企业合同中约定的。这同中外合资经营企业这种股权式的合营企业是有明显区别的。

(2) 合作企业的组织形式。合作企业组织形式灵活，中外合作者可以共同举办具有中国法人资格的合作企业，也可以共同举办不具有中国法人资格的合作企业。

(3) 合作企业的经营管理机构有多样性。

(4) 合作企业按合同约定分配利润和产品，外国合作者可以在合作期间先行回收投资。

二、中外合作经营企业的设立和变更

1. 合作企业的设立

(1) 设立合作企业的条件。在中国境内举办中外合作经营企业（以下简称合作企业），应当符合国家的发展政策和产业政策；遵守国家关于指导外商投资方向的规定。

《合作企业法》第四条规定："国家鼓励举办产品出口的或者技术先进的生产型合作企业。"产品出口企业，是指产品主要用于出口，年度外汇总收入额减除年度生产经营外汇支出额和外国投资者汇出分得利润所需外汇额以后，外汇有结余的生产型企业；先进技术企业，是指外国投资者提供先进技术，从事新产品开发，实现产品升级换代，以增加出口创汇或者替代进口的生产型企业。

(2) 设立合作企业的审批。设立合作企业由对外贸易经济合作部或者国务院授权的部门和地方人民政府审查批准。

审查批准机关应当自收到规定的全部文件之日起45天内决定批准或者不批准；审

查批准机关认为报送的文件不全或者有不当之处的，有权要求合作各方在指定期间内补全或者修正。

(3) 设立合作企业的登记。设立合作企业的申请经批准后，应当自接到批准证书之日起 30 天内向工商行政管理机关申请登记，领取营业执照。合作企业的营业执照签发日期，为该企业的成立日期。合作企业应当自成立之日起 30 天内向税务机关办理税务登记。

2. 合作企业的变更

中外合作者在合作期限内协商同意对合作企业合同作重大变更的，应当报审查批准机关批准；变更内容涉及法定工商登记项目、税务登记项目的，应当向工商行政管理机关、税务机关办理变更登记手续。

合作企业成立后改为委托中外合作者以外的他人经营管理的，经董事会或者联合管理机构一致同意，并报请审批机关批准后，应当向工商行政管理机关办理变更登记手续。

经审批机关批准延长合作企业的合作期限的，合作企业凭批准文件向工商行政管理机关办理变更登记手续。

三、中外合作经营企业的出资与组织机构

1. 合作企业的组织形式

合作企业包括依法取得中国法人资格的合作企业和不具有法人资格的合作企业。

合作企业依法取得中国法人资格的，为有限责任公司。除合作企业合同另有约定外，合作各方以其投资或者提供的合作条件为限对合作企业承担责任。合作企业以全部资产对合作企业的债务承担责任。

不具有法人资格的合作企业的合作各方的关系是一种合伙关系。合伙的债务，由合伙人按照出资比例或者协议的约定，以各自的财产承担清偿责任。合伙人对合伙的债务承担连带责任，法律另有规定的除外。偿还合伙债务超过自己应当承担数额的合伙人，有权向其他合伙人追偿。

不具有法人资格的合作企业应当向工商行政管理机关登记合作各方的投资或者提供的合作条件。

不具有法人资格的合作企业的合作各方的投资或者提供的合作条件，合作各方分别所有。经合作各方约定，可以共有或者部分分别所有、部分共有。合作企业经营积累的财产，归合作各方共有。

不具有法人资格的合作企业合作各方的投资或者提供的合作条件由合作企业统一管理和使用。未经合作他方同意，任何一方不得擅自处理。

2. 合作企业的注册资本

合作企业的注册资本，是指为设立合作企业，在工商行政管理机关登记的合作各方认缴的出资额之和。

合作企业注册资本在合作期限内不得减少。但是，因投资总额和生产经营规模等变化，确需减少的，须经审查批准机关批准。

在依法取得中国法人资格的合作企业中，外国合作者的投资一般不低于合作企业注册资本的25%。

3. 投资者的投资或者提供合作条件

合作各方应当依照有关法律、行政法规的规定和合作企业合同的约定，向合作企业投资或者提供合作条件。

合作各方应当以其自有的财产或者财产权利作为投资或者合作条件，对该投资或者合作条件不得设置抵押权或者其他形式的担保。

合作各方向合作企业的投资或者提供的合作条件可以是货币，也可以是实物或者工业产权、专有技术、土地使用权等财产权利。

中国合作者的投资或者提供的合作条件，属于国有资产的，应当依照有关法律、行政法规的规定进行资产评估。

合作各方应当根据合作企业的生产经营需要，依照有关法律、行政法规的规定，在合作企业合同中约定合作各方向合作企业投资或者提供合作条件的期限。

合作各方没有按照合作企业合同约定缴纳投资或者提供合作条件的，工商行政管理机关应当限期履行；限期届满仍未履行的，审查批准机关应当撤销合作企业的批准证书，工商行政管理机关应当吊销合作企业的营业执照，并予以公告。未按照合作企业合同约定缴纳投资或者提供合作条件的一方，应当向已按照合作企业合同约定缴纳投资或者提供合作条件的他方承担违约责任。

合作各方缴纳投资或者提供合作条件后，应当由中国注册会计师验证并出具验资报告，由合作企业据以发给合作各方出资证明书。

4. 合作企业的组织机构

(1) 合作企业的权力机构。合作企业设董事会或者联合管理委员会。董事会或者联合管理委员会是合作企业的权力机构，按照合作企业章程的规定，决定合作企业的重大问题。

董事会或者联合管理委员会成员不得少于3人，其名额的分配由中外合作者参照其投资或者提供的合作条件协商确定。董事会董事或者联合管理委员会委员由合作各方自行委派或者撤换。董事会董事长、副董事长或者联合管理委员会主任、副主任的产生办法由合作企业章程规定；中外合作者的一方担任董事长、主任的，副董事长、副主任由他方担任。

董事或者委员的任期由合作企业章程规定；但是，每届任期不得超过3年。董事或者委员任期届满，委派方继续委派的，可以连任。

董事长或者主任是合作企业的法定代表人。董事长或者主任因特殊原因不能履行职务时，应当授权副董事长、副主任或者其他董事、委员对外代表合作企业。

(2) 合作企业的经营管理机构。合作企业设总经理1人，负责合作企业的日常经

营管理工作，对董事会或者联合管理委员会负责。合作企业的总经理由董事会或者联合管理委员会聘任、解聘。

总经理及其他高级管理人员可以由中国公民担任，也可以由外国公民担任。经董事会或者联合管理委员会聘任，董事或者委员可以兼任合作企业的总经理或者其他高级管理职务。

（3）合作企业的委托管理制。合作企业成立后委托合作各方以外的他人经营管理的，必须经董事会或者联合管理委员会一致同意，并应当与被委托人签订委托经营管理合同。

合作企业应当将董事会或者联合管理委员会的决议、签订的委托经营管理合同，连同被委托人的资信证明等文件，一并报送审查批准机关批准。审查批准机关应当自收到有关文件之日起 30 天内决定批准或者不批准。

四、合作企业的盈亏分配

中外合作者依照合作企业合同的约定，分配收益或者产品，承担风险和亏损。合作企业的盈亏分摊不一定以投资比例来确定，而由合作各方依据企业是否具备法人资格、各方投资的合作条件等因素协商而定。中外合作者可以采用分配利润、分配产品或者合作各方共同商定的其他方式分配收益。产品分成，一般是在资源开发项目中采用的。至于利润分成、产品分成的比例，由中外合作者在合作企业合同中约定。由于具体情况不同，合同当事人可以约定在合作企业期满前始终按同一个比例实行利润或产品分成，也可以在合作企业期满前的一定时期按某种比例分成，在另外的时期按别的比例分成。

中外合作者在合作企业合同中约定合作期满时合作企业的全部固定资产归中国合作者所有的，可以在合作企业合同中约定外国合作者在合作期限内先行回收投资的办法。外国合作者在合作期限内可以申请按照下列方式先行回收其投资：

（1）在按照投资或者提供合作条件进行分配的基础上，在合作企业合同中约定扩大外国合作者的收益分配比例；

（2）经财政税务机关按照国家有关税收的规定审查批准，外国合作者在合作企业缴纳所得税前回收投资；

（3）经财政税务机关和审查批准机关批准的其他回收投资方式。

合作企业的亏损未弥补前，外国合作者不得先行回收投资。

五、中外合作经营企业的合作期限、解散与清算

1. 合作企业的合作期限

关于合作企业的合作期限，一般来说，生产型的合作企业特别是产品出口企业和先进技术企业，应当比非生产型的合作企业更长一些。而同样是生产型合作企业或非生产型合作企业，由于各种行业的情况不同，也不宜规定统一的期限。因此，《合作企

业法》第25条规定，合作企业的合作期限由中外合作者协商并在合作企业合同中订明。中外合作者同意延长合作期限的，应当在距合作期满180天前向审查批准机关提出申请。审查批准机关应当自接到申请之日起30天内决定批准或者不批准。

2. 合作企业的解散

合作企业因下列情形之一出现时解散：

(1) 合作期限届满；

(2) 合作企业发生严重亏损，或者因不可抗力遭受严重损失，无力继续经营；

(3) 中外合作者一方或者数方不履行合作企业合同、章程规定的义务，致使合作企业无法继续经营；

(4) 合作企业合同、章程中规定的其他解散原因已经出现；

(5) 合作企业违反法律、行政法规，被依法责令关闭。

上述第(2)项、第(4)项所列情形发生，应当由合作企业的董事会或者联合管理委员会作出决定，报审查批准机关批准。在上述第(3)项所列情形下，不履行合作企业合同、章程规定的义务的中外合作者一方或者数方，应当对履行合同的他方因此遭受的损失承担赔偿责任；履行合同的一方或者数方有权向审查批准机关提出申请，解散合作企业。

合作企业期满或者提前终止，应当向工商行政管理机关和税务机关办理注销登记手续。

3. 合作企业的清算

《合作企业法》第二十四条规定，合作企业期满或者提前终止时，应当依照法定程序对资产和债权、债务进行清算。中外合作者应当依照合作企业合同的约定确定合作企业财产的归属。

第五节 外资企业

一、外资企业的概念

外资企业也称外商独资经营企业，指依照中国法律，经中国政府批准，在中国设立的，全部资本由外国投资者投资的企业。外资企业不包括外国企业和其他经济组织在中国境内设立的分支机构。

二、外资企业设立

1. 设立的条件

设立外资企业必须有利于中国国民经济的发展，能够取得显著的经济效益。国家鼓励外资企业采用先进技术和设备，从事新产品开发，实现产品升级换代，节约能源和原材料，并鼓励举办产品的外贸企业。申请外资企业，有下列情况之一的，不予批准：①有损中国主权或者公共利益的；②危及中国国家安全的；③违反中国法律、法

规的；④不符合中国国民经济发展要求的；⑤可能造成环境污染的。

2. 设立外资企业的法律程序

关于审批事项：外资企业注册资本的增加、减少、转让，须经审批机关批准，并向工商行政管理机关变更登记手续。外资企业将其财产或者权益对外抵押、转让，须经审批机关批准，并向工商行政管理机关备案。外资企业合并、分立导致资本发生重大变化时，须经审批机关批准，并聘请中国的注册会计师验证和出具验资报告；经审批机关批准后，向工商行政管理机关办理变更登记手续。外资企业的经营期限，根据不同的行业和企业的具体情况，由外国投资者在设立外资企业的申请书中拟定，经审批机关批准。

三、外资企业的注册资本与外国投资者的出资

1. 注册资本

外资企业的注册资本是指，为设立外资企业在工商行政管理机关登记的资本总额，即外国投资者认缴的全部出资额。外资企业的注册资本与投资总额的比例，参照中外合资经营企业的有关规定执行：①合营企业的投资总额在300万美元以下（含300万美元）的，其注册资本至少应占投资总额的7/10。②合营企业的投资总额在300万美元以上至1000万美元（含1000万美元）的，其注册资本至少应占投资总额的1/2；其中投资总额在420万美元以下的，注册资本不得低于210万美元。③合营企业的投资总额在1000万美元以上至3000万美元（含3000万美元）的，其注册资本至少应占投资总额的2/5；其中投资总额在1250万美元以下的，注册资本不得低于500美元。④合营企业的投资总额在3000万美元以上的，其注册资本至少应当占投资总额的1/3；其中投资总额在3600万美元以下的，注册资本不得低于1200万美元。

2. 出资方式

外国投资者以机器设备作价出资的，必须符合下列要求：该机器设备是外资企业生产所必需的，该机器设备作价不得高于同类机器设备当时的国际市场正常价格。

外国投资者以工业产权、专有技术作价出资的要求：该工业产权、专有技术为外购投资者自己所有的，该工业产权、专有技术的作价应当与国家通常的作价原则相一致，其作价金额不得超过外资企业注册资本的20%。

3. 外国投资者的出资期限

外国投资者可分期出资，但最后一次出资应当在营业执照签发之日起3年内缴清。其中，第一期出资不得少于外国投资者认缴出资额的15%，并应当在营业执照签发之日起90日内缴清。并且每期出资后，应当聘请中国的注册会计师验证，出具验资报告，报审批机关和工商局备案。

四、外资企业的组织形式、组织机构和财务会计管理

1. 外资企业的组织形式

外资企业的组织形式为有限责任公司，经批准可以为其他形式。外资企业为有限

责任公司形式的，外国投资则对企业的责任以其认缴的出资额为限，外资企业以其全部资产对其债权承担责任。外国投资者以其他形式存在的，适用相关的法律。

2. 组织结构

外资企业的组织机构、管理，中国政府不得加以干涉，外资企业的最高权力机构由资本持有者组成。根据组织形式推选董事长，并担任法定代表人，同时报审批机关备案。

3. 外资企业的财务会计管理

外资企业的财务适用中国财务会计制度，以往会计年度的亏损未弥补之前，不得分配利润，以往年度未分配的利润，可与本年度可供分配的利润一并分配。外资企业的年度会计报表和清算会计报表，应当聘请中国的注册会计师进行验资并出具报告；并且要在规定的时间内报送财政、税务机关、并报审批机关和工商局备案。

五、外资企业的经营期限、终止和清算

1. 外资企业的经营期限

外资企业的经营期限由外国投资者在设立外资企业的申请书中拟定，由审批机关批准。期限需要延长的，应当在期满前 180 日向审批机关提出申请，审批机关应当在收到申请书之日起 30 天内决定批准或不批准。

2. 外资企业的终止

有下列情形应的外资企业的应当终止：①经营期限届满的外资企业；②经营不善、严重亏损，外国投资者决定解散的外资企业；③因自然灾害、战争等不可抗力而遭受严重损失，无法继续经营的外资企业；④破产的外资企业；⑤违反中国法律、法规，危害社会公共利益被依法撤销的外资企业；⑥出现外资企业章程规定其他解散事由。

3. 外资企业的清算

外资企业宣告终止时，应当进行清算。出企业破产或者撤销清算外，外资企业的清算应当由外资企业提出清算程序，原则和清算委员会人选，报审批机关审核后进行清算。清算委员会应当由外资企业的法定代表人、债权人代表以及有关主管机关的代表组成，并聘请中国的注册会计师、律师等参加。

第六节　合同权利义务终止

一、合同权利义务的终止

合同权利义务的终止简称为合同的终止，又称合同的消灭，是指合同关系在客观上不复存在，合同权利和合同义务归于消灭。

二、合同终止的情形

当出现以下情形时合同终止：

(1) 债务已经按照约定履行。合同是当事人为达到其利益要求而达成的合意，合同目的的实现，有赖于债务的履行。债务按照合同约定得到履行，一方面可使合同债权得到满足，另一方面也使得合同债务归于消灭，产生合同的权利义务终止的后果。

债务已经按照约定履行，指债务人按照约定的标的、质量、数量、价款或者报酬、履行期限、履行地点和方式全面履行。以下情况也属于合同按照约定履行：

①当事人约定的第三人按照合同内容履行。合同是债权人与债务人之间的协议，其权利义务原则上不涉及合同之外的第三人，合同债务当然应当由债务人履行，但有时为了实现当事人特定目的，便捷交易，法律允许合同债务由当事人约定的第三人履行，第三人履行债务，也产生债务消灭的后果。比如债务人乙和债权人甲约定，由第三人丙偿还乙欠甲的 10 万元人民币的债务，丙将 10 万元人民币偿还给甲后，该合同的权利义务也终止。

②债权人同意以他种给付代替合同原定给付。合同的种类不同，债务的内容也不同，比如，货物买卖合同，债务的内容是交付货物或支付价款；承揽合同，债务的内容是提供劳务或者支付报酬。债务人应当按照合同约定的内容履行，但有时，实际履行债务在法律上或者事实上不可能。比如，债务履行时，法律规定该履行需经特许，债务人无法得到批准许可，或者标的物已灭失，无法交付；或者实际履行费用过高，比如交付货物的运输费用大大提高，甚至超过合同标的物的价格，实际履行极不经济；或者不适于强制履行，比如以债务人的具有人身性质的特定行为为标的合同。在实际履行不可能的情况下，经债权人同意，可以采用代物履行的办法，达到债务消灭的目的。比如，债务人乙按照合同约定，应当向债权人甲交付 100 吨吉林产圆粒大米，由于乙收购遇到困难，不能交付，但乙有 100 吨天津圆粒大米，质量与合同约定的吉林大米基本相同，甲同意交付天津大米以代替吉林大米，则乙交付了天津大米，债务即消灭。有时代物履行可能会有差价，支付差价后，也产生债务消灭的后果。

③当事人之外的第三人接受履行。债务人应当向债权人履行债务，债权人受领后产生债务消灭的后果。但有时，当事人约定由债务人向第三人履行债务，债务人向第三人履行后，也产生债务消灭的后果。比如债务人乙欠债权人甲 1 万元人民币，债权人甲又欠丙的钱，债权人甲请求债务人乙直接将欠款付给丙，乙同意，并按照其欠甲款的数额将钱付给了丙，从而消灭了其对甲的债务。

债务履行后，是否以债权人接受作为合同的权利义务终止的条件？有三种情况：一是债务履行不适当，债权人提出了异议；二是债务已经按照约定履行，但债权人拒绝接受；三是债权人下落不明，或者死亡、丧失行为能力而未确定继承人或监护人无法履行。第一种情况下，表明对合同的履行存在争议，在合同纠纷没有解决以前，合同的权利义务不能终止。在第二种和第三种情况下，债务人可以依照法律的规定，将标的物提存，达到终止合同的权利义务的目的。

合同中约定几项债务时，某项债务按照约定履行，产生债务消灭的效果，但并非终止合同。在双务合同中，只有当事人双方都按照约定履行，合同才能终止。任何一

方履行有欠缺，都不能达到终止合同的目的。

(2) 合同的解除，包括协议解除和法定解除。合同的解除，指合同有效成立后，当具备法律规定的合同解除条件时，因当事人一方或双方的意思表示而使合同关系归于消灭的行为。合同解除具有以下特征：

①合同的解除适用于合法有效的合同。合同只有在生效以后，才存在解除，无效合同、可撤销合同不发生合同解除。

②合同解除必须具备法律规定的条件。合同一旦生效，即具有法律拘束力，非依法律规定，当事人不得随意解除合同。我国法律规定的合同解除条件主要有约定解除和法定解除。

③合同的解除必须有解除的行为，即符合法律规定的解除条件，合同还不能自动解除，不论哪方当事人享有解除合同的权利，主张解除合同的一方，必须向对方提出解除合同的意思表示，才能达到合同解除的法律后果。

④合同解除使合同关系自始消灭或者向将来消灭，即合同的解除，要么视为当事人之间未发生合同关系，要么合同尚存的权利义务不再履行。

合同解除与附解除条件的合同，虽然在解除合同的条件成就时，都使合同消灭，但两者有区别，表现在：a. 附解除条件，是行为人以意思表示对自己的行为所加的限制性附款；合同的解除不是合同的附款，不仅基于当事人约定发生，也基于法律规定发生。b. 附解除条件的合同，条件成就时合同自然解除，不需要当事人再有什么意思表示；合同的解除，仅具备条件还不能使合同消灭，必须有解除合同的意思表示。c. 附解除条件的合同，条件陈旧时，合同对于将来失其效力；合同解除，合同不仅对于将来失其效力，有些具有溯及既往的效力。

(3) 债务相互抵消。债务相互抵消，指当事人互负到期债务，又互享债权，以自己的债权充抵对方的债权，使自己的债务与对方的债务在等额内消灭。比如，乙在合同约定的还款日期，应支付给甲 10 万元人民币货款，与此同时甲也欠乙 10 万元人民币，并已到清偿日期，此时，乙可以向甲表明，自己不偿还甲的 10 万元债务，甲也不必偿还欠乙的 10 万元债务。两相抵消，互不相欠。债务相互抵消应当具备以下条件：

①必须是当事人双方互负债务，互享债权。抵消发生的基础在于当事人双方既互负债务，又互享债权，只有债务而无债权或者只有债权而无债务，均不发生抵消。

②当事人双方互负的债权债务，须均合法，其中一个债为不法时，不得主张抵消。

③按照合同的性质或者依照法律规定不得抵消的债权不得抵消。

抵消制度，一方面，免除了当事人双方实际履行的行为，方便了当事人，节省了履行费用。另一方面，当互负债务的当事人一方财产状况恶化，不能履行所负债务时，通过抵消，起到了对债务的担保的作用；特别是当一方当事人破产时，对方履行交付的财产将作为破产财产，而未收回的债权要在各债权人间平均分配，显然不利于对方当事人，而通过抵消，可以使对方当事人的债权迅速获得满足。我国《破产法》第三十三条规定："债权人对破产企业负有债务的，可以在破产清算前抵消。"

(4) 债务人依法将标的物提存。提存，指由于债权人的原因，债务人无法向其交付合同标的物时，债务人将该标的物交给提存机关而消灭合同的制度。比如，债务人乙在合同约定的履行期限，准备向债权人甲交付货物，但却无法找到债权人，乙根据法律有关规定，将该货物交给提存机关，货物被提存后，债务即消灭。

债务的履行往往需要债权人的协助，如果债权人无正当理由而拒绝受领或者不能受领，债权人虽应负担受领迟延的责任，但债务人的债务却不能消灭，债务人仍得随时准备履行，这显然有失公平。我国 20 世纪 50 年代曾有过提存制度，后中断。1981 年制定的《中华人民共和国经济合同法》规定："定作方超过 6 个月不领取定作物的，承揽方有权将定作物变卖，所得价款在扣除报酬、保管费用以后，用定作方的名义存入银行。"该规定虽然没有用提存这一概念，但实质却是承认了提存的法律制度。中华人民共和国最高人民法院《关于贯彻执行〈中华人民共和国民法通则〉若干问题的意见》(试行) 规定："债权人无正当理由拒绝债务人履行义务，债务人将履行的标的物向有关部门提存的，应当认定债务已经履行。因提存所支出的费用，应当由债权人承担。提存期间，财产收益归债权人所有，风险责任由债权人承担。"明确承认提存是债的消灭的原因。合同法将提存作为合同权利义务终止的法定原因之一，规定了提存的条件、程序和法律效力。

(5) 债权人免除债务。债权人免除债务，指债权人放弃自己的债权。债权人可以免除债务的部分，也可以免除债务的全部。比如，债务人乙应当偿还债权人甲 2 万元人民币，甲表示乙可以少还或者不还，就是债权人免除债务。甲表示只需要偿还 1 万元，是债务的部分免除；表示 2 万元都不必偿还，是债务的全部免除。免除部分债务的，合同部分终止，免除全部债务的，合同全部终止。

(6) 履行债务同归于一人 (混同)。债权和债务同归于一人，指由于某种事实的发生，使一项合同中，原本由一方当事人享有的债权，而由另一方当事人负担的债务，统归于一方当事人，使得该当事人既是合同的债权人，又是合同的债务人。比如，甲公司与乙公司签订了房屋租赁合同，在乙公司尚未支付租金时，甲乙两公司合并成立了一个新的公司，甲公司的债权和乙公司的债务都归属于新公司，原甲公司和乙公司之间的合同自然终止。

(7) 法律规定或者当事人约定合同终止。除了前述合同的权利义务终止的情形，出现了法律规定的终止的其他情形的，合同的权利义务也可以终止。比如，《民法通则》第六十九条规定：代理人死亡、丧失民事行为能力，作为被代理人或者代理人的法人终止，委托代理终止。本法第四百一十一条规定：委托人或者受托人死亡、丧失民事行为能力或者破产的，委托合同终止。

当事人也可以约定合同的权利义务终止的情形，比如，当事人订立的附解除条件的合同，当解除条件成就时，债权债务关系消灭，合同的权利义务终止。当事人订立附终止期限的合同，期限届至时，合同的权利义务终止。比如，赠与人与受赠人约定，赠与人每月负担受赠人的生活费至其 18 周岁，受赠人 18 周岁前参加工作的，自参加

工作之日，赠与合同终止。如果受赠人17周岁参加工作，赠与人与受赠人之间的合同的权利义务终止。

合同的权利义务终止与被宣告无效的合同、被撤销的合同都使合同关系不复存在，但它们在性质上、法律后果上有明显的不同。

①合同权利义务终止与无效合同。合同权利义务终止与无效合同的主要区别是：a. 无效合同指合同不符合法律规定的合同有效条件，合同关系不应成立；而合同权利义务终止是消灭已经生效的合同。b. 无效合同是当然无效，即使当事人不对合同效力提出主张，人民法院或者仲裁机关也有权确认合同无效；而合同权利义务终止是出现了终止合同的法定的事由，当事人行使权利使合同关系消灭，国家不主动干预。c. 合同被宣告无效后，合同自始无效，产生恢复原状的法律后果；而合同权利义务终止主要是对将来失其效力，即合同不再履行，只有某些被解除的合同溯及既往。

②合同权利义务终止与合同被撤销。合同权利义务终止与合同被撤销都是通过当事人行使法定权利而使合同关系消灭，但两者有区别，表现在：a. 合同被撤销主要是因受欺诈、胁迫，或者因重大误解、显失公平而订立合同，撤销合同的原因在合同订立时就存在，法律直接规定可以撤销合同。合同权利义务终止的原因发生在合同成立以后，由法律规定或者当事人约定终止合同。b. 合同的撤销必须由撤销权人提出，由仲裁机构或者人民法院确认，而合同权利义务终止可以通过当事人协商或者一方当事人行使法定权利，不一定需要仲裁机构或者人民法院裁决。c. 合同被撤销发生溯及既往的效力；合同权利义务终止，有些并不发生溯及既往的效力。

三、终止的法律后果

合同终止后权利、义务关系消灭，但不影响合同中结算和清理条款的效力。合同权利义务关系终止之后，当事人还应遵循诚信原则，根据交易习惯履行通知、协助、保密等义务。合同终止不影响当事人请求赔偿损失的权利。合同终止后负债字据应当返还。

四、解除合同的程序

当事人一方依法解除合同，应当遵守下列程序规定：

（1）必须具备法定解除合同的条件。《合同法》第九十三条第二款和第九十四条对约定解除权和法定解除作了规定，按照这两条规定，具备以下条件，不必经对方当事人同意，只需向对方作出解除合同的意思表示，就可以解除合同：①当事人约定的解除合同的条件成就；②因不可抗力不能实现合同目的的；③在履行期限届满之前，另一方当事人明确表示或者以其行为表明不履行主要义务的；④另一方当事人迟延履行主要债务，经催告后在合理期限内仍未履行的；⑤另一方当事人迟延履行债务或者有其他违约行为致使不能实现合同目的的；⑥法律规定的其他解除情形。不具备上述条件，一方当事人不能解除合同。

（2）行使解除权应当通知对方当事人。当事人一方行使解除合同的权利，必然引起合同的权利义务的终止，为了防止一方当事人因不知道对方已行使合同解除权而仍为履行的行为，从而遭受损害，本条规定，当事人根据约定解除权和法定解除权主张解除合同的，应当通知对方。合同自通知到达对方时解除。对方当事人接到解除合同的通知后，认为不符合约定或者法律规定的解除合同的条件，不同意解除合同的，可以请求人民法院或者仲裁机构确认能否解除合同。

（3）法律、行政法规规定解除合同应当办理批准、登记手续的，未办理有关手续，合同不能终止。比如，《中外合资经营企业法》规定：合营企业如发生严重亏损、一方不履行合同和章程规定的义务、不可抗力等，经合营各方协商同意，报审查批准机关批准，并向国家工商行政管理部门登记，可终止合同。如果没有履行法律规定的批准登记手续，中外合资经营合同没有终止。

第五章　合同法

第一节　合同法概述

一、合同的概念

合同指平等主体的自然人、法人、其他组织之间，所设立、变更或终止民事权利义务关系的协议。

合同法所称合同是民事合同，不包括行政合同、劳动合同等其他法律部门所规定的民事合同。民事合同又有财产关系和身份关系的两大类合同，合同法所称合同是指有关财产关系协议，关于婚姻、收养、监护等有关身份关系的协议，使用其他法律的规定。

二、合同的类型

1. 双务合同和单务合同

划分原则：承担权利义务的方式。

双务合同：合同当事人都享受权利，即一方享受的权利是对方当事人的义务。在这类合同中，当事人任何一方都既是债权人，又是债务人，而且是对价关系，即一方当事人享受的权利就是对方当事人的义务，一方当事人的义务也就是对方当事人的权利。如买卖、租赁、承揽。

单务合同：指一方只享受权利而不承担义务，另一方只承担义务而不因此享受权利。如赠与。

2. 有偿合同和无偿合同

划分原则：当事人是否因给付而取得利益。有偿合同：享有合同权利而必须付出对价。无偿合同是指当事人一方只享有合同权利而不偿付任何代价的合同，又称恩惠合同。

3. 有名合同和无名合同

划分原则：是否对合同赋予了特定的名称。买卖合同、供用电、水、气、热力合同；赠与合同；借款合同；租赁合同；融资租赁合同；承揽合同；建设工程合同；运输合同；技术合同；保管合同；仓储合同；委托合同；行纪合同；居间合同。

4. 诺成合同和实践合同

划分原则：是否以交付标的物为成立要件。

诺成合同：双方意思表示一致时，合同即告成立。如房屋买卖。

实践合同：必须交付标的物才能成立的合同。如赠与合同。

5. 要式合同和不要式合同

划分原则：是否必须具备一定的形式和手续。不动产买卖、汽车转让、不动产抵押合同均为要式合同；赠与合同、承揽合同、仓储合同、委托合同、行纪合同、居间合同都属于不要式合同。

6. 和从合同

划分原则：合同的主从关系。不依赖于其他合同而能独立存在的合同是主合同，以其他合同的存在为前提才能成立的合同是从合同。

三、合同法概述

1. 合同法概念

合同法是指调整平等主体之间尚品交换关系的法律规范的总称。

2. 调整范围

①平等主体之间的法律关系。②法人、其他组织之间的经济合同关系。③政府机关参与的合同中，政府机关作为平等的主体与对方签订合同时适用《合同法》的规定。

3. 合同法的基本原则

（1）平等原则：合同法的平等原则指，当事人的民事法律地位平等，包括订立和履行合同两个方面，一方不得将自己的意志强加给另一方；

（2）自愿原则：既表现在当事人之间，因一方欺诈、胁迫订立的合同无效或者可以撤销，也表现在合同当事人与其他人之间，任何单位和个人不得非法干预；

（3）公平原则：《中华人民共和国合同法》（以下简称《合同法》）第五条规定，当事人应当遵循公平原则确定各方的权利和义务。这里讲的公平，既表现在订立合同时的公平，显失公平的合同可以撤销；也表现在发生合同纠纷时公平处理，既要切实保护守约方的合法利益，也不能使违约方因较小的过失承担过重的责任；还表现在极个别的情况下，因客观情势发生异常变化，履行合同使当事人之间的利益重大失衡，公平地调整当事人之间的利益；

（4）诚实信用原则：诚实信用，主要包括三层含义：一是诚实，要表里如一，因欺诈订立的合同无效或者可以撤销；二是守信，要言行一致，不能反复无常，也不能口惠而实不至；三是从当事人协商合同条款时起，就处于特殊的合作关系中，当事人应当恪守商业道德，履行相互协助、通知、保密等义务；

（5）遵守法律、不得损害社会公共利益原则：《合同法》第七条规定，当事人订立、履行合同，应当遵守法律、行政法规，尊重社会公德，不得扰乱社会经济秩序，损害社会公共利益。该条规定集中表明两层含义，一是遵守法律（包括行政法规），二是不得损害社会公共利益；

（6）严守合同原则：当事人订立合同后，应当履行自己的义务，如果违反约定，应当承担违约责任。

第二节　合同的订立

一、概念

合同的订立是指合同的当事人，依法就合同的主要条款经过协商一致达成协议的法律行为。

合同订立的主体可以是自然人也可以是法人，须具备与订立合同相应的民事权利能力和民事行为。

二、合同订立的形式

1. 书面形式

书面形式是指当事人双方用书面方式表达相互之间通过协商一致而达成的协议。根据经济合同法的规定，凡是不能及时履行的经济合同，均应采用书面形式。

2. 口头形式

口头形式是指当事人双方用对话方式表达相互之间达成的协议。当事人在使用口头形式时，应注意只能是及时履行的经济合同，才能使用口头形式，否则不宜采用这种形式。

3. 其他形式

合同的订立也包括公证形式、鉴证形式、批准形式、登记形式等，这里不一一列举。

三、合同的主要条款

合同的主要条款有以下几个方面。

1. 当事人的基本情况

这包括当事人的姓名（自然人）或名称（经济组织）、法定代表人（负责人）、委托代理人、住所（自然人的户口所在地或经常住所地、经济组织的主要办事机构或主要经营场地）、电话、传真、银行账号等。这些因素应当尽量注明，主要是为了经济交易的一般需要（如发货收货地、通信地址、联系地）和经济管理的特殊需要（如发生纠纷时司法文书送达地、强制措施的执行地）。

2. 合同标的

标的指合同各方当事人权利义务指向的对象。如买卖合同中的具体买卖的物品、演出合同中的演出行为等。

3. 数量

数量是衡量合同权利义务大小的尺度，如物品的数量（如吨、台、量、个、间），

劳务的数量（如工作多少天、小时），有些标的的数量是概括性的，如承建一幢大楼，仓储一批货，中间涉及个别物品的单价，也涉及工作、服务的时间等多种数量标准。概括性数量常用于以劳务作为标的的合同中。在社会生活中，通常没有数量约定的合同，是没有效力的合同，在阶段供货合同中，可以约定以收货单计算合同数量；在大宗交易的合同中，还应当约定损耗的幅度和正负尾差。

4. 质量

质量是对合同标的品质的内在要求，如货物属于优等品还是合格品，技术服务是一般技术服务还是特殊技术服务，质量高低直接影响到合同履行的质量以及价款报酬的支付数额。质量标准有不同类型，应当谨慎适用，一旦选择其一，必须忠实履行，不能“偷梁换柱”。在社会生活中，质量条款能够按国家质量标准进行约定的，则按国家质量标准进行约定，没有质量标准的标的，可约定按样品来规定质量。

5. 价款或者报酬

在约定中，除应当注意采用大小写表现合同价款外，还应当注意在大写文字的表示方式上，不能有错误、简写等情况，以免对以后的履行造成障碍。

6. 履行期限、地点和方式

履行期限是合同中确定的各方合同当事人履行各自义务的时间限度，是确认合同当事人是否违约的一个主要的标准。履行期限可以有先有后，也可以同时履行。经双方协商，还可以延期履行。

在连续性的交易中，有些可以不规定期限。

履行地点是当事人一方履行义务另一方享受权利的地点。履行地可以是合同当事人的任何一方所在地，也可以是第三方所在地，如发货地、交货地、提供服务地、接受服务地，具体选择由当事人协商确定。确立履行地主要是为了安全、快捷、方便地履行合同义务。

履行方式是当事人履行义务采取的方式。履行方式主要有两方面内容：一是合同标的的履行方式，这种方式主要有自提、送货上门、包工包料、代运、分期分批、一次性缴付、代销、上门服务等；二是价款或报酬的结算方式。这种方式有托收承付、支票支付、现金支付、信用证支付、按月结算、预支（多退少补）、存单、实物补偿等。

7. 违约责任

违约责任是合同当事人一方或各方不履行合同或没有完全履行合同时，违约方应当对守约方进行的救济措施。违约责任是为了保证合同能够顺利、完整履行而由双方自主约定的。它可以给合同各方形成压力，促使合同如约履行。违约责任的种类有：违约金、赔偿金、继续履行等。

8. 解决争议的办法

解决争议的办法是当事人就纠纷解决协商的一种可取途径。争议的解决主要有四种：一是当事人双方自行协商解决；二是由第三人介入进行中间调解；三是提交仲裁机构解决；四是向人民法院提起诉讼。

第三节 合同的效力

一、合同的生效

1. 依法成立的合同，自成立时生效

该类合同自批准登记时生效。法律、行政法规规定应当办理批准、登记等手续的，自批准、登记时生效。

2. 合同自条件成就或期限届至时生效

如果附生效条件的合同，自条件成就时生效；如果附解除条件的合同，自条件成就是失效。如果当事人为了自己的利益不正当地阻止条件成就的，视为条件已成就；不正当地促成条件成就的，视为条件不成就。

其中附条件生效的合同中条件必须是合法的、将来可能发生的事实，过去的、现存的、将来必定发生的或必定不能发生的事实都不能作为所附条件。

二、有效合同

有效合同是法律承认其效力的合同，它必须具备以下条件：①当事人具有相应的民事行为能力；②当事人意思表示真实；③不违反法律或社会公共利益。

三、无效合同

1. 无效合同的定义

无效合同是指不具有法律约束力和不发生履行效力的合同。无效合同从一开始就没有法律约束力，国家不予承认和保护。

有下列情形之一的合同无效：①一方以欺诈、胁迫的手段订立合同，损害国家利益；②恶意串通，损害国家、集体或者第三人利益；③以合法形式掩盖非法目的；④损害社会公共利益的；⑤违反法律、行政法规的强制性规定的；⑥无行为能力人订立的合同；限制行为能力人订立的与其年龄、智力、健康状况不相适应的合同；行为人在神志不清的状态下订立的合同；⑦当事人超越经营范围订立合同，人民民法院不因此认定合同无效。但违反国家限制经营、特许经营以及法律、行政法规禁止经营规定的除外。

2. 无效合同的法律后果

因无效合同取得的财产，应当予以返还，不能返还或者没有必要返还的，应当折价补偿。有过错的一方应当赔偿对方因此所受到的损失。双方都有过错的，应当各自承当相应的责任。当事人恶意串通订立合同，损害国家或者第三人利益的，因此取得的财产收归国家、集体所有或者返还第三人。

3. 部分无效的合同

部分无效的合同是指由于其部分条款违反法律规定或者损害他人利益，并不影响合同的本质成立的合同。它包括：①约定了免除当事人因故意或者重大过失而应承担责任的条款的合同；②约定了免除或者限制人身伤害责任条款的合同；③约定了违约责任或解决争议的方式；④约定了免除或限制法律禁止免除或者限制的责任条条款。

4. 免责条款

合同中双方当事人在合同中约定的，为免除或限制一方或双方当事人未来责任的条款。其中以下两种情况不能列入：①造成对方人身伤害的；②因故意或者重大过失造成对方财产损失的。

四、可撤销合同

1. 可撤销合同的概念

可撤销合同是指因合同当事人订立合同时意思表示不真实，经由撤销权的当事人行使撤销权，使已经生效的合同归于无效的合同。

2. 可撤销合同的特征

可撤销合同具有以下特征：①该合同自始没有法律约束力；②该合同意思表示不真实；③该合同需由有撤销权的当事人通过行使撤销权来实现；④该合同撤销须由人民法院或仲裁机构作出。

3.《合同法》规定的三种可撤销合同

①因重大误解订立的合同，任何一方均有权请求变更或者撤销；②显失公平的合同，任何一方均有权请求变更或者撤销；③一方以欺诈、胁迫的手段或者趁人之危，使对方在违背真实意思的情况下订立的合同，只有受损害人方才可以行使撤销请求权。

4. 撤销权的行使

当事人必须在知道或应当知道撤销事由之日起 1 年内行使撤销权。具有撤销权的当事人，自知道或应当知道撤销事由之日起 1 年内没有行使撤销权的和具有撤销权的当事人知道撤销事由后，明确表示或者以自己的行为放弃撤销权的，撤销权消灭。

五、效力待定合同

以下情形合同效力待定：

1. 限制民事行为能力人订立的合同

限制民事行为能力人独立订立的与其年龄、智力、精神状况不相适应的合同，经法定代理人追认后，该合同有效。纯获利益的合同或者与其年龄、智力、精神状况相适应而订立的合同，不必经法定代理人追认。

2. 无权代理

行为人在无权代理的情况下（没有代理权、超越代理权或者代理权终止后）以被代理人名义订立的合同，未经被代理人追认，对被代理人不发生效力，由行为人承担

责任。行为人可以催告被代理人在1个月内予以追认。被代理人表示同意的，由被代理人承担合同责任；被代理人未做意思表示的，视为拒绝追认。合同被追认之前，善意相对人有撤销权。

3. 无处分权的人处分他人财产

经权利人追认或者无处分权的人订立合同后取得处分权的，该合同有效。否则该合同无效。

第四节　合同的履行

一、合同履行的概念

合同的履行是指合同生效后，双方当事人按照合同规定的各项条款，完成各自承担的义务和实现各自享受的权利，使双方当事人的合同目的得以实现的行为。

二、合同履行的法律特征

合同履行的特征有：①合同履行是当事人的履约行为；②合同履行是当事人全面、正确完成合同义务的行为；③合同履行时当事人全面完成合同义务的行为过程。

三、合同履行的原则

1. 当事人就有关合同内容约定不明确的履行规则。

①质量要求不明确的，按照国家标准、行业标准履行；没有国家标准、行业标准的，按照通常标准或者符合合同目的的特定标准履行；②价款或者报酬不明确的，按照订立合同时履行地市场价格履行；依法应当执行政府定价或者政府指导价的，按照规定履行；③履行地点不明确，给付货币的，在接受货币一方所在地履行；交付不动产的，在不动产所在地履行；其他标的，在履行义务一方所在地履行；④履行期限不明确的，债务人可以随时履行，债权人也可以随时要求履行，但应当给对方必要的准备时间；⑤履行方式不明确的，按照有利于实现合同目的的方式履行；⑥履行费用的负担不明确的，由履行义务一方负担。

2. 执行政府定价或者政府指导价的合同履行规则

《合同法》规定："执行政府定价或者政府指导价的，在合同约定的交付期限内政府价格调整时，按照交付时的价格计价。逾期交付标的物的，遇价格上涨时，按照原价格执行；价格下降时，按照新价格执行。逾期提取标的物或者逾期付款的，遇价格上涨时，按照新价格执行；价格下降时，按照原价格执行。

3. 涉及第三人的合同履行

当事人约定由债务人向第三人履行债务的，债务人未向第三人履行债务或者履行债务不符合约定，应当由债务人向债权人承担违约责任。当事人约定由第三人向债权人履行债务的，第三人不履行债务或履行债务有瑕疵的，应当由债务人向债权人承担违约责任。

四、抗辩权的行使

1. 概念

抗辩权是指，在双务合同中，一方当事人在对方不履行或履行不符合约定时，依法对抗对方要求或否认对方权利主张的权利。

2. 同时履行抗辩权的行使条件

同时履行抗辩权的行使条件有：①需基于统一双务合同；②根据合同约定或者合同性质，要求当事人同时履行合同义务，双方履行没有先后顺序；③双方债务已届清偿期；④一方当事人有证据证明应同时履行义务的对方当事人未履行或者为适当履行合同；⑤对方有履行的可能性。

3. 同时履行抗辩权的适用

当一方不能履行或拒绝履行合同时，即当同时履行合同的一方当事人不履行合同时，另一方当事人就有权也不履行合同。

当一方部分履行合同或履行合同不符合约定时，当事人一方部分履行合同的，对方当事人有权就为履行部分提出抗辩，拒绝相应的给付，只履行对应的部分；当事人一方履行合同不符合约定时，另一方有权拒绝其相应的履行请求。

4. 同时履行抗辩权的效力

同时履行抗辩权只是暂时阻止对方当事人请求权的行使，而不是永久地终止合同。当对方当事人完全履行了合同义务，同时履行抗辩权即告消灭，主张抗辩权的当事人就应当履行自己的义务。当事人因行使同时履行抗辩权致使合同迟延履行的，迟延履行责任由对方当事人承担。

5. 后履行抗辩权

合同当事人互付债务，有先后顺序，先履行的一方未履行的，后履行一方有权拒绝其履行要求。先履行一方履行债务不符合约定的，后履行一方有权拒绝其相应的履行要求。

后履行抗辩权的发生，需具备以下条件：

(1) 需基于同一双务合同。双方当事人因同一合同互负债务，在履行上存在关联性，形成对价关系。单务合同无对价关系，不发生后履行抗辩权。如果当事人互负的债务不是基于同一双务合同，也不发生后履行抗辩权；

(2) 该合同履行应有先后顺序。在双务合同中，双方当事人的履行，多是有先后的。这种履行顺序的确立，或依法律规定，或按当事人约定，或按交易习惯。很多法律对双务合同的履行顺序都有规定。当事人在双务合同中也可以约定履行顺序，谁先履行，谁后履行。在法律未有规定、合同未有约定的情况下，双务合同的履行顺序可依交易习惯确立。

例如，在饭馆用餐，先吃饭后交钱。旅店住宿，先住宿后结账。乘飞机、火车，先购票，后乘坐。倘若依照法律规定、合同约定、交易习惯仍不能确定谁先履行合同，此时可采用担保等方法确立谁为履行先。例如，在一项买卖合同，谁也不愿先履行，卖方不愿先交货，怕买方收货不交钱。在这种情况下，当事人可以约定由银行协助双方履行，买方先将货款打入银行，由银行监管此款，卖方即行发货，买方验收后，银行将款项拨付卖方。合同按此顺序履行；

（3）应当先履行的当事人不履行合同。

6. 后履行抗辩权的效力

后履行抗辩权不是永久性的，它的行使只是暂时阻止了当事人请求权的行使。先履行一方的当事人如果完全履行了合同义务，则后履行抗辩权消灭，后履行当事人就应当按照合同约定履行自己的义务。

7. 不安抗辩权

不安抗辩权是指双务合同中，先履行方有确切证据证明，后履行方于合同成立后丧失或可能丧失履行能力时中止履行合同的权利，并且在后履行方于一合理期限内未能恢复履行能力或提供担保时解除合同的权利。它是兼有抗辩权与形成权性质的复合性权利，而且是一种积极性的权利。

有确切证据证明对方有下列情形之一的，可以中止履行：①后履行方经营状况严重恶化；②后履行方转移财产、抽逃资金，以逃避债务；③后履行方丧失商业信誉；④后履行方有丧失或者可能丧失履行债务能力的其他情形。

中止履行后，对方在合理期限内未恢复履行能力并且未提供适当担保的，中止履行的一方可以解除合同。

8. 保全措施

因债务人怠于行使到期债权，对债权人造成损害的，债权人可以向人民法院请求以自己的名义代位行使债务人的债权，但该债权专属于债务人自身的除外。代位权行使的条件有：①债务人对第三人有合法债权；②债务人怠于行使其债券，如果债务人已经行驶了权利，即使不尽如意债权人也不能行使代位权；③因债务人怠于行使权力已经害及债权人的债权；④债务人的债券已经到期；⑤债务人的债权不是专属于债务人自身的债权（行使代位权的费用由债务人承担）。

9. 撤销权

因债务人放弃到期债权或者无偿转让财产，对债权人造成损害的，债权人可以请求人民法院撤销债务人的行为。其中，无偿行为不论第三人善意、恶意取得，均可撤销。有偿转让行为，第三人如果为善意就不可撤销，如果是恶意那么可以撤销。撤销权自债权人知道或者应当知道撤销事由之日起一年内行使。自债务人的行为发生之日起5年内没有行使撤销权的，该撤销权消灭。

第五节　合同的变更和转让

一、合同变更的概念

合同的变更有广义、狭义之分。广义的合同变更指合同主体和内容的变更，前者指合同债权或债务的转让，即由新的债权人或债务人替代原债权人或债务人，而合同内容并无变化；后者指合同当事人权利义务的变化。狭义的合同变更指合同内容的变更。从我国《合同法》的有关规定看，合同的变更仅指合同内容的变更，合同主体的变更称为合同的转让。

合同变更是合同关系的局部变化（如标的数量的增减、价款的变化、履行时间、地点、方式的变化），而不是合同性质的变化（如买卖变为赠与，合同关系失去了同一性，此为合同的更新或更改）。合同标的的变更是否属于合同变更，理论界有不同看法（关键在于变更协议是否以原合同的主要权利义务为基础）。

二、合同变更的要件

1. 原已存在的合同关系

合同的变更，是改变原合同关系，无原合同关系便无变更的对象，所以合同的变更离不开原已存在着合同关系这一条件。合同无效，自始即无合同关系；合同被撤销，合同自始失去法律约束力，也无合同关系；追认权人拒绝追认效力未定的合同，仍无合同关系，在这些情况下，自无变更合同的余地。

2. 合同内容发生变化

合同的变更从狭义上说，不包括合同主体的变更，仅指合同内容的变更，因此合同内容发生变化是合同的变更不可或缺的条件。合同内容的变更包括：①标的的变更；②标的物数量的增减；③标的物品质的改变；④价款或酬金的增减；⑤履行期限的变更；⑥履行地点的改变；⑦履行方式的改变；⑧结算方式的改变；⑨所附条件的增添或除去；⑩单纯债权变为选择债权；⑪担保的设定或消失；⑫违约金的变更；⑬利息的变化等。

合同的变更须依当事人协议或依法律直接规定及法院裁决，有时依形成权人的意思表示。基于法律的直接规定而变更合同，法律效果可直接发生，不以法院的裁决或当事人协议为必经程序。例如，债务人违约使履行合同的债务变为赔偿损失债务，系当然发生，但可由当事人协商赔偿损失额，也可诉请法院裁判。

合同的变更须经法院裁决程序的，在我国法律上有两种，一是意思表示不真实的合同，如因重大误解而成立的合同，不论是撤销还是变更，均需经过法院裁决；二是适用情事变更原则，无论是解除合同还是变更合同，均需法院裁决。合同的变更基于形成权人单方意思表示的，例如选择权人行使选择权，使合同变更。除此而外的合同

变更，一律由当事人各方协商一致，达不成协议便不发生合同变更的法律效力。

3. 须遵守法律要求的方式

对合同的变更，法律要求采取一定方式的，须遵守这种要求。基于情事变更原则变更合同，变更意思表示不真实的合同，须经法院裁决的方式。当事人协议变更合同，有时需要采用书面形式，有时则无此要求。债务人违约而变更合同一般不强求特定方式。法律、行政法规规定变更合同应当办理批准、登记等手续的，依照其规定。

三、合同变更的效力

合同变更的实质在于使变更后的合同代替原合同。因此，合同变更后，当事人应按变更后的合同内容履行。合同变更原则上向将来发生效力，未变更的权利义务继续有效，已经履行的债务不因合同的变更而失去合法性。合同的变更不影响当事人要求赔偿的权利。原则上，提出变更的一方当事人对对方当事人因合同变更所受损失应负赔偿责任。

四、合同转让定义

合同转让，是指合同权利、义务的转让，即当事人一方将合同的权利或义务全部或部分转让给第三人的现象，也就是说由新的债权人代替原债权人，由新的债务人代替原债务人，不过债的内容保持同一性的一种法律现象。

按照所转让的内容不同，合同转让包括合同权利的让与、合同债务的承担和合同权利义务的概括移转三种类型。当然，转让可以是全部也可以是部分，因为转让的内容有所差异，其条件和效力也有所不同。合同转让，即合同权利义务的转让，在习惯上又称为合同主体的变更，是以新的债权人代替原合同的债权人；或新的债务人代替原合同的债务人；或新的当事人承受债权，同时又承受债务。上述三种情况，第一种是债权转让；第二种是债务转移（债务承担）；第三种是概括承受，体现了债权债务关系是动态的财产关系这一特性。

合同的转让，与合同的第三人履行或接受履行不同，第三人并不是合同的当事人，他只是代债务人履行义务或代债权人接受义务的履行。合同责任由当事人承担而不是由第三人承担。合同转让时，第三人成为合同的当事人。合同转让，虽然在合同内容上没有发生变化，但出现了新的债权人或债务人，故合同转让的效力在于成立了新的法律关系，即成立了新的合同，原合同应归于消灭，由新的债务人履行合同，或者由新的债权人享受权利。《中华人民共和国民法通则》（以下简称《民法通则》）第九十一条规定："合同一方将合同的权利、义务全部或者部分转让给第三人的，应当取得合同另一方的同意，并不得牟利。依照法律规定应当由国家批准的合同，需经原批准机关批准。但是，法律另有规定或者原合同另有约定的除外。"依法理，债权的转让一般不必经债务人同意。因为只要不增加债务人的负担，仅是改变债权人，一般不会增加债务人的负担。而债务的转让须经过债权人的同意，因为债务人的履行能力与能否满足

债权有密切关系。我国现行立法对《民法通则》第九十一条的规定已经有所突破。如根据《中华人民共和国担保法》第二十二条、第二十三条的规定，以及《合同法》第八十条、第八十四条的规定，债权人转让债权，是依法转让、是通知转让，并不以债务人的同意为必要条件。而债务人转让债务须得到债权人的许可。

五、合同转让的特征

1. 转让前的合同内容与转让后的合同内容的一致性

合同转让，只是改变履行合同权利和义务的主体，并不改变原订的合同权利和义务，转让后的权利人或义务人所享有的权利或义务仍是原合同约定的，因此，转让合同并不引起合同内容的变更，其内容应与原合同内容一致。

2. 合同转让后形成新的合同关系人

合同转让，只是改变了原合同权利义务履行人主体，其直接结果是原合同关系的当事人之间的权利义务消失，取而代之的是转让后的新的权利义务关系人，自转让成立起，第三人代替原合同关系的一方或加入原合同成为原合同的权利义务主体，形成新的合同关系人。

3. 合同转让改变了债权债务关系

合同转让会涉及原合同当事人之间的债权债务及转让人与受让人之间的债权债务关系，尽管合同转让是在转让人与受让人之间完成，但是合同转让必然涉及原合同当事人的利益，所以合同义务的转让应征得债权人的同意，合同权利的转让应通知原合同债务人。

合同转让后，因转让合同纠纷提起的诉讼，债权人、债务人、出让人可列为第三人参与诉讼活动。《合同法》规定“当事人一方经另一方同意，可以将自己在合同中的权利和义务一并转让给第三人。”

第六节　违约责任

一、违约责任的概念

违约责任，也可以称违反合同的民事责任，通常是指一方或双方当事人违反合同规定的义务，依照法律规定或者合同约定由违约方所承担的民事责任，是违反合同义务的结果。

二、违约责任的承担形式

违约责任的承担形式是指合同当事人违反合同义务后，按照合同的约定或者法律的规定承担违约责任的具体方式。当事人只要违反合同，就应当承担违约责任。违约责任的承担形式依据合同法分为：继续履行、采取补救措施、赔偿损失、违约金、定金等形式。

合同法对违约责任的承担形式作了上述规定，但实践中，如何确定违约责任的承担形式，一是要根据当事人合同中的约定或法律规定；二是根据当事人的请求；三是要结合具体案件的具体情况确定。

1. 继续履行

继续履行，又称实际履行、特定履行，是指当事人一方不履行合同义务或者履行合同义务不符合约定时，另一方当事人可要求其在合同履行期限届满后，继续按照合同所约定的主要条件，继续完成合同义务的行为。继续履行与一般履行行为有所不同，它是法律规定的对违约行为人的一种强制措施。

继续履行作为违约救济的方式之一，一直为我国合同法律所确认。需要指出的是，实际履行后，还有其他损失的，可以请求赔偿损失。

继续履行具有如下特征：

（1）继续履行是承担违约责任的形式之一。《合同法》第一百〇七条明确规定，继续履行是一种承担违约责任的方式：第一，继续履行是在当事人未能按照合同约定正常履行义务时，由法律强制其继续履行该义务，为法的强制，属于责任的范畴。第二，继续履行是一种独立的违约责任形式，与采取其他补救措施、赔偿损失等违约责任形式一样，其适用的前提是合同当事人一方不履行合同或者履行合同不符合约定的条件，而不需要以其他违约责任是否能够适用为前提条件。

（2）继续履行的内容是强制违约方交付按照合同约定来应交付的标的。法律之所以要规定不同的违约责任形式，是因为需要从不同的角度对受害方给予救济，由此不同的违约责任方式有着不同的功能和作用，从满足受害方的需求方面其相互之间不能替代。尽管一些责任之间存在着排斥的关系，但其主导方面是互补的关系。

继续履行的功能是满足债权人获取债的标的意图，如果债权人的主要意图是为了获取标的，那么，继续履行就有着特别的意义。反之，债权人对于是否获取标的本身并不在意，而主要是通过标的交易获取利润，那么，如果履行就未必有太大的意义。因此，继续履行在有些合同中对于债权人有特别的意义。在有些合同中不一定有太大的意义。但是，无论其意义如何，其功能都是为了实现合同的宗旨。

（3）继续履行是实现履行原则的补充或延伸。在我国《合同法》的履行原则中常常强调实际履行原则，即按照合同约定实际履行权利义务，而不能以其他方式替代合同的实际履行。实际履行首先是应当为意义上的正常履行，即当事人自觉地按照合同的约定继续履行，使合同目的得到正常实现。合同的正常履行固然是常态，而不履行合同或者不完全履行的现象也在所难免，在合同不能得到正常实现时，强制实际履行不失为一项对实际履行原则的补救或补充，是实际履行原则的一种延伸。

（4）继续履行可以与违约金、赔偿损失、定金罚则并用，但不能与解除合同并用。《合同法》第一百一十二条规定：“在履行义务或者采取补救措施后，对方还有其他损失的，应当赔偿损失。”第一百一十四条第三款规定：“当事人就迟延履行约定违约金

的，违约方支付违约金后，还应当履行债务。”作为解除合同，就是合同关系不复存在，债务人也不再履行义务，因此，解除合同与继续履行是完全对立的补救方法，两者不能并用。

违约责任的继续履行，在《民法通则》第一百一十一条规定为：“当事人一方不履行合同义务或者履行合同义务不符合约定条件的，另一方有权要求履行或者采取补救措施，并有权要求赔偿损失。”《合同法》第一百〇七条规定与《民法通则》第一百一十一条的规定类似。第一百〇九条规定：“当事人一方未支付价款或者报酬的，对方可以要求其支付价款或者报酬。”第一百一十条规定：“当事人一方不履行非金钱债务或者履行非金钱债务不符合约定的，对方可以要求履行，但有下列情形之一的除外：第一，法律上或者事实上不能履行；第二，债务的标的不适于强制履行或者履行费用过高；第三，债权人在合理期限内未要求履行。”

2. 采取补救措施

采取补救措施，主要是指当事人违反合同的事实发生后，为防止损失发生或扩大，而由违反合同行为人依法律规定或者约定采取的措施，给权利人以弥补或者挽回损失的责任形式，主要适用于质量不符合约定的情况。《合同法》第一百一十一条规定：“质量不符合约定的，应当按照当事人的约定承担违约责任，对违约责任没有约定或者约定不明确，依照本法第六十一条仍不能确定的，受损害方根据标的的性质以及损失的大小，合理选择要求对方承担修理、更换、重做、退伙、减少价款或者报酬等违约责任。”

(1) 违约人承担的违约责任的确定。质量不符合约定的，应当按照当事人的约定承担违约责任。如当事人已经作了约定的，依据合同自由原则，自然应适用当事人双方的约定，但这并不排除法律对约定的调控。对违约责任没有约定或者约定不明确，依照《合同法》第六十一条仍不能确定的，受损害方根据标的的性质以及损失的大小，可以适用法律推定。

(2) 法律推定的责任形式。当质量不符合约定的，如适用《合同法》第六十一条仍无结果的，则受损害方可根据标的物的性质以及损失的大小，可以合理选择要求对方承担修理、更换、重做、退货、减少价款或者报酬等责任形式。

具体内容是：①修理。修理指合同一方当事人交付的标的质量不合格，有修理的可能并为债权人所需要时，债务人消除标的质量缺陷的补救措施。该种补救措施主要适用于买卖合同承揽合同等。

②更换。更换是指合同一方当事人交付的标的质量不合格，在没有修理的可能，或者如果进行修理所需费用过高抑或修理所需时间过长的情况下，债务人交付同类、同质量、同重量的标的物的补救措施，该种补救措施多适用于买卖合同。

③重做。重做是指在基本建设工程承包、承揽等合同中，由债务人重新完成工作成果的补救措施。

④退货。退货意味着要解除合同，只有在卖方所供标的物质量瑕疵致使不能实现

合同目的，买方才可选择退货的补救措施。

⑤减少价款或者报酬，当事人在合同履行中，若质量不符合约定的，受损方有权请求减少价款或报酬，以维护受损方的合法权益。

3. 赔偿损失原则

（1）赔偿损失的概念及特征。

①概念。所谓赔偿损失，是指合同当事人由于不履行合同义务或者履行合同义务不符合约定，给对方造成财产上的损失时，由违约方以其财产赔偿对方所蒙受的财产损失的一种违约责任形式。它是指由法律规定的，一方当事人违反合同给另一方造成损失的，应对此损失承担的补偿性责任。

赔偿损失是违约责任中的一种重要形式。《合同法》第一百一十二条规定了赔偿损失适用的场合，即“当事人一方不履行合同义务或者履行合同义务不符合约定的，在履行义务或者采取补救措施后，对方还有其他损失的，应当赔偿损失”。第一百一十三条规定了赔偿损失的方法，即“当事人一方不履行合同义务或者履行合同义务不符合约定，给对方造成损失的，损失赔偿额应当相当于因违约所造成的损失，包括合同履行后，可以获得的利益，但不得超过违反合同一方订立合同时预见到或者应当预见到的因违反合同可能造成的损失。”

②违约的赔偿损失具有如下特征：

a. 违约的赔偿损失是合同违约方违反合同义务所产生的责任形式。违约赔偿的前提是当事人之间存在有效的合同关系，并且违约方违反了合同中约定的义务。如果当事人一方违反的不是合同约定的义务或者合同没有成立、合同无效、合同被撤销等，其所要承担的不是违约的赔偿损失责任，而是应当承担缔约过失等其他责任；

b. 违约的赔偿损失具有补偿性。违约的赔偿损失是强制违约方给非违约方所受损失的一种补偿。违约的赔偿损失一般是以违约所造成的损失为标准，这与定金责任、违约金责任等违约责任有所区别；

c. 违约的赔偿损失具有一定的随意性。我国《合同法》允许合同当事人事先对违约的赔偿损失的计算方法予以约定，或者直接约定违约方付给非违约方一定数额的金钱，体现了合同自由的原则；

d. 违约的赔偿损失以赔偿非违约方受到的实际全部损失为原则。合同当事人一方违约，对方会遭到财产损失和可得利益的损失，这些损失都应当得到补偿。

（2）赔偿损失的构成要件。赔偿损失的构成要件，因其适用的归责原则不同而有所不同。在适用过错责任原则时，赔偿损失的构成要件包括：

①损害事实。损害事实的存在是承担赔偿责任的第一要素，没有损害事实的存在，也就根本谈不上支付赔偿金；

②违约行为。如果仅有损害事实的发生，但不存在违约行为，也就是说，损害事实的发生是由于其他行为造成的，行为人也不承担责任；

③主观过错；

④违约行为和损害事实之间存在因果关系。

(3) 赔偿损失的原则。因合同当事人的违约行为给对方当事人造成损害时，依法应当赔偿所造成的损失，其损失的赔偿应当遵循下列原则进行：

①完全赔偿原则。所谓完全赔偿原则，是指因违约方的违约行为使受害人遭受的全部损失，都应由违约方负赔偿责任，也就是说违约方不仅应赔偿对方因合同履行而得到的履行利益。当然，《合同法》中所称的定金赔偿是指对受害人遭受的全部财产损失予以赔偿，同时此种赔偿应限制在法律规定的合理范围内；

②合理预见原则。定金赔偿原则是对非违约方的有力保护，但从民法之基本原则出发，应将这种损害赔偿的范围限制在合理的范围之内。我国《合同法》第一百一十三条规定：赔偿损失不得超过违反合同一方订立合同时预见到或者应当预见到的因违反合同可能造成的损失。其主要内容为：第一，预见的主体为违约方；第二，预见的时间为合同订立之时；第三，预见的内容为违反合同可能造成的财产损失的范围；第四，判断违约方能否预见的标准采用主观和客观相结合的标准，即通常与同类型的社会一般人的预见能力为标准。

4. 减轻损害原则

(1) 减轻伤害原则概念。减轻伤害原则是指在一方违约并造成损害之后，受害人必须采取合理措施以防止损害的扩大，否则受害人应对扩大部分的损害负责，违约方此时也有权请求从损害赔偿金中扣除本可避免的损害部分，所以也称为采取适当措施避免损失扩大原则。

(2) 减轻损害原则的构成要件。

①损害的发生由违约方所致，受害人对此没有过错；

②受害人未采取合理措施防止损害扩大。受害人根据当时的环境，尽自己的努力实施了一般人认为可能防止损害扩大的有效措施，即使行为结果未能阻止损害的扩大，也认为受害人尽到了义务；

③受害方的不当行为造成损害的扩大。

5. 损益相抵原则

(1) 损益相抵原则概念。这是指受害人基于损害发生的同一原因而获得利益时，应将所受利益从所受损害中扣除，以确定损害赔偿范围，即违约方仅就其差额部分进行赔偿。

(2) 损益相抵原则的构成要件。

①违约损害赔偿之债已经成立，这是适用损益相抵的前提条件；

②违约行为造成了损害和收益，即违约行为不但给受害人造成了损害，而且为受害人带来了收益；

③违约行为与损害和收益都具有因果关系。

6. 责任相抵原则

《合同法》第一百二十条规定；“当事人双方都违反合同的应当各自承担相应的责

任。”这体现了责任相抵原则，其构成要件是：①当事人双方都违反合同。即双方都存在违约行为，是适用相抵原则的前提。②双方各自承担相应的责任。

7. 违约金

（1）违约金的概念及特征。违约金，是指不履行或者不完全履行合同义务的违约方按照合同约定，支付给非违约方一定数量的金钱。违约金是合同违约方应承担违约责任的方式之一，违约金在大多数国家通常由合同当事人约定，法律对此不作规定。

违约金具有以下特征：①违约金是由合同当事人约定的；②违约金的数额是由当事人预先确定的；③违约金条款是否适用，取决于合同当事人是否违约。

（2）违约金的性质。

①违约金都具有补偿性。违约金是指合同一方的当事人没有按照约定履行合同而向另一方支付金钱补偿，其数额一般是以所造成的损失为标准。

②违约金具有稳定性。这是违约金的基本性质。违约金的稳定性，可以包括以下几个方面：第一，违约金是当事人违反合同履行义务应当承担的责任，它需要当事人事先在合同中作出约定，即使当事人没有约定，也应依照法律的规定承担责任；第二，违约金的数额、比例或计算方法、计算标准等，一般由合同当事人事先约定，非经双方协商同意，一般不得更改；

③违约金与赔偿金的关系。一般来说，违约金应视为损失赔偿的一种方式。但当事人如果担心违约金不足以补偿损失时，受损失的一方可以请求人民法院对约定的违约金适当予以增加；

④违约金具有惩罚性。我国立法和司法实践中承认违约金具有补偿性和处罚性的双重性质，其意义在于履行利益的补偿。

（3）违约金责任的构成要件。违约方承担违约金责任应当具备以下条件：①当事人一方违反合同的行为存在；②有违约金责任的约定；③当事人违反合同行为不具有免责事由；④对违约金责任的限制，《合同法》第一百一十四条第二款规定，约定的违约金低于造成的损失的，当事人可以请求人民法院或者仲裁机构予以增加；约定的违约金过分高于造成的损失的，当事人可以请求人民法院或者仲裁机构予以适当减少。

8. 定金

（1）定金的概念。定金是指合同的一方当事人以担保其债务的履行为目的，而向对方给付一定金钱或其他代替物，债务人履行债务后，定金应当抵作价款或者收回。给付定金的一方不履行约定的债务的，无权要求返还定金；收受定金的一方不履行约定的债务的，应当双倍返还定金。

（2）定金的特征。定金具有以下特征：①定金具有从属性，是从属于主债权的从债。②定金具有实践性，定金担保不仅需要双方当事人的意思表示一致，而且还需要实际交付定金。③定金具有违约金性质，在定金合同有效的情况下，定金交付以后，主合同双方当事人无论哪一方未按合同履行，定金就会对违约方进行制裁，并可补偿债权损失，定金就相当于预先交付的违约金。

（3）定金的法律效力。定金依法成立，并实际交付，从而产生法律效力。定金的法律效力是指定金合同有效成立后，在当事人之间产生的相应权利义务关系。在发生违约情况下，给付定金的一方不履行约定的债务，无权要求返还定金；收受定金的一方不履行约定的债务的，应当双倍返还定金。

需要指出的是，定金与现实生活中存在的预付款是不同的。预付款是当事人预先付给对方一定数额的价款，实质上是一种在合同履行期限还没到时而提前支付的价款，是对合同义务的预先履行，它本身就是价款或者价款的一部分，它不是对合同履行的担保，在对方不履行合同时也不适用双倍返还的定金罚则。

第六章　证券法

第一节　证券法概述

一、证券

证券是记载和标明一定财产权利的凭证（以特定的专用纸张或电子记录，借助文字、图形或者电子技术、记载代表特定权利的书面凭证）。证券是一种投资凭证也是一种权益凭证，还是一种可转让的权利凭证。

资本证券（Capital Security）是指由金融投资或与金融投资有直接联系的活动而产生的证券。持券人对发行人有一定收入的请求权。它包括股票、债券及其衍生品种如基金证券、期货合约等。资本证券是有价证券的主要形式，狭义的有价证券即指资本证券。资本证券主要包括股权证券（所有权证券，Equity Security）和债权证券（Debt Securit）。

二、股票

股票是股份证书的简称，是股份公司为筹集资金而发行给股东作为持股凭证并借以取得股息和红利的一种有价证券。

股票有以下特征：①首先股票是证明股东权的证权；②股票是一种有价证券；③它是一种要式证券，股票的做成格式和记载事项，必须按照相关法规的规定的严格格式进行相关事项的记载，否则就会影响该证券或票据的效力甚至会导致票据的无效；④股票是一种风险证券，投资股票存在风险。

三、债券

1. 政府债券

政府为筹措财政资金和建设资金，凭其信用，采取信用方式，按照一定程序向投资者出具的有价证券。政府债券又分为地方债券和国家债券。发行政府债券最初是为弥补财政赤字，后来成为政府筹集资金、扩大公用事业开支的重要手段。

2. 金融债券

金融债券是指由银行和非银行金融机构（如国际信托投资公司）发行的债券。

3. 公司债券

公司债券是指公司依照法定程序发行的，约定在一定期限还本付息的有价证券。

公司债券是公司债的表现形式，基于公司债券的发行，在债券的持有人和发行人之间形成了以还本付息为内容的债权债务法律关系。因此，公司债券是公司向债券持有人出具的债务凭证。持有人有权按照约定的期限取得利息、收回本金、但是无权参与公司的经营管理，对公司的经营状况也不承担法律责任。

4. 证券投资基金

证券投资基金通过公开发售基金份额募集资金，由基金托管人托管，由基金管理人管理和运用资金，从事股票、债券等金融工具投资，并将投资收益按基金投资者的投资比例进行分配的一种间接投资方式。

5. 认股权证

认股权证是是指持有人拥有特定权利的契约，持有权证的投资者有权在到期时（或到期前）以约定价格买入或卖出特定证券。

6. 期货

期货是指交易双方在金融市场上，以约定的时间和价格，买卖某种金融工具的具有约束力的标准化合约。以金融工具为标的物的期货合约。金融期货一般分为三类：外汇期货、利率期货和股票指数期货。期货是一种跨越时间的交易方式。

四、证券市场

证券市场是指证券发行与交易的场所。

1. 证券市场的纵向结构关系

这是一种按证券进入市场的顺序而形成的结构关系。按这种顺序关系划分，证券市场的构成可分为证券发行市场和证券交易市场。

证券发行市场又称“一级市场”或“初级市场”，是发行人以筹集资金为目的，按照一定的法律规定和发行程序，向投资者出售证券所形成的市场。证券发行市场作为一个抽象的市场，其买卖成交活动并不局限于一个固定的场所。证券发行市场体现了证券由发行主体流向投资者的市场关系。发行者之间的竞争和投资者之间的竞争，是证券发行市场赖以形成的契机。在证券发行市场上，不仅存在着由发行主体向投资者的证券流，而且存在着由投资者向发行主体的货币资本流。因此，证券发行市场不仅是发行主体筹措资金的市场，也是给投资者提供投资机会的市场。

证券交易市场是已发行的证券通过买卖交易实现流通转让的场所。相对于证券发行市场而言，证券交易市场又称为“二级市场”或“次级市场”。证券经过发行市场的承销后，即进入流通市场，它体现了新老投资者之间投资退出和投资进入的市场关系。因此，证券流通市场具有两个方面的职能：一是为证券持有者提供需要现金时按市场价格将证券出卖变现的场所；二是为新的投资者提供投资机会。证券交易市场又可以分为有形的交易所市场和无形的场外市场。

证券发行市场与交易市场紧密联系，互相依存，互相作用。发行市场是交易市场的存在基础，发行市场的发行条件及发行方式影响着交易市场的价格及流动性。而交易市场又能促进发行市场的发展，为发行市场所发行的证券提供了变现的场所，同时交易市场的证券价格及流动性又直接影响发行市场新证券的发行规模和发行条件。

2. 证券市场的横向结构关系

这是依有价证券的品种而形成的结构关系。这种结构关系的构成主要有股票市场、债券市场、基金市场以及衍生证券市场等子市场，并且各个子市场之间是相互联系的。

股票市场是股票发行和买卖交易的场所。股票市场的发行人为股份有限公司。股份公司在股票市场上筹集的资金是长期稳定、属于公司自有的资本。股票市场交易的对象是股票，股票的市场价格除了与股份公司的经营状况和赢利水平有关外，还受到其他诸如政治、社会、经济等多方面因素的综合影响。因此，股票价格经常处于波动之中。

债券市场是债券发行和买卖交易的场所。债券的发行人有中央政府、地方政府、政府机构、金融机构、公司和企业。债券市场交易的对象是债券。债券因有固定的票面利率和期限，其市场价格相对股票价格而言比较稳定。

基金市场是基金证券发行和流通的市场。封闭式基金在证券交易所挂牌交易，开放式基金是通过投资者向基金管理公司申购和赎回实现流通的。

3. 证券市场的要素

参与者、交易工具、交易场所是构建证券市场的三要素。

五、证券法的概念

从广义上讲，证券法是指一切与证券相关的法律规范的总称。从狭义上讲证券法是指 2005 年 10 月 27 日，第十届全国人民代表大会常务委员会第十八次会议审议通过的重新修订的《中华人民共和国证券法》（以下简称《证券法》）自 2006 年 1 月 1 日起实施。

六、证券交易的管理原则

1. 公开、公平、公正原则

公开原则是指市场信息要公开。在内容上，凡是可能影响投资者决策的信息都应当公开，如公司章程、招股说明书、有关财务会计资料等。公开的形式包括向社会公告，将有关信息刊登在报纸或刊物上，将有关资料置备于有关场所，供公众随时查阅等。公开的信息必须及时、完整、真实、准确。公平原则是指所有市场参与者都具有平等的地位，其合法权益都应受到公平的保护。它们在证券发行和交易中应当机会均等、待遇相同。公正原则是指在证券发行和交易的有关事务处理上，要在坚持客观事实的基础上，做到一视同仁，对所有证券市场参与者都要给予公正的待遇，尤其是证券监管机关要坚持公正原则。

2. 自愿、有偿、诚实信用原则

自愿是指当事人有权按照自己的意愿参与证券发行与证券交易活动，其他人不得干涉，也不得采取欺骗、威吓或胁迫等手段影响当事人决策。在市场交易活动中，任何一方都不得把自己的意志强加给对方。有偿是指在证券发行和交易活动中，一方当事人不得无偿占有他方当事人的财产和劳动。诚实是指要客观真实，不欺人、不骗人；信用是指遵守承诺，并及时、全面地履行承诺。

3. 守法原则

遵守法律、法规是我们在一切社会活动中都必须遵守的原则。《证券法》第五条规定："证券发行、交易活动必须遵守法律、行政法规；禁止欺诈、内幕交易和操纵证券市场的行为。"

4. 证券业与其他金融业分业经营、分业管理原则

《证券法》第六条规定："证券业和银行业、信托业、保险业分业经营、分业管理。证券公司与银行、信托、保险业务机构分别设立。国家另有规定的除外"。原《证券法》实行分业经营、分业管理的原则。新《证券法》在规定分业经营、分业管理原则的同时，规定"国家另有规定的除外"，为混业经营留下了一定的法律空间，也为银行资金间接进入证券市场准备了条件。

5. 政府集中统一监管与行业自律相结合原则

我国实行政府统一监管与行业自律相结合的模式。《证券法》规定："国务院证券监督管理机构依法对全国证券市场实行集中统一监督管理。国务院证券监督管理机构根据需要可以设立派出机构，按照授权履行监督管理职责。""在国家对证券发行、交易活动实行集中统一监督管理的前提下，依法设立证券业协会，实行自律性管理。"

6. 国家审计监督原则

国家审计监督是由国家审计机关对证券交易所、证券公司、证券登记结算机构、证券监督管理机构依法进行的审计监督。国家审计监督有利于促使证券机构依法经营和开展活动，有利于国家对证券市场的监督，有利于保护投资者的利益。

第二节　证券发行

一、证券发行概述

1. 发行的概念和方式

(1) 概念。证券发行是指符合发行条件的政府、金融机构、工商企业等组织，以筹集自己为目的，依照法律规定的程序向公众投资者出售代表一定权利的资本证券的行为。

(2) 证券发行的方式。

①上网定价发行，所谓上网定价发行是指主承销商利用证券交易所的交易系统，

由主承销商作为唯一卖方，投资人在指定的时间内，按现行委托买卖股票方式进行申购的发行方式；②询价发行，询价发行方式是指，给申购的投资者一个询价区间（即申购价格上限和下限），然后根据投资者对该询价区间占大多数价格认同来确定发行价格后，以该价格进行配售；③市值配售发行，新股配售发行就是在新股网上发行时，将发行总量中得一定比例（目前规定为网上发行总量的50%）的新股向二级市场投资者配售。投资者根据其持有上市流通证券的市值和折算的申购限量，自愿申购新股。目前，我国规定市值配售只是新股网上定价发行的一部分，因而市值配售与网上定价发行应同时进行；④网上网下累计投标询价发行，是指在价格区间内以网下向战略投资者、证券投资基金累计投标询价和网上向社会公众投资者累计投标询价相结合的发行方式。

2. 证券发行的类型

①公开发行和非公开发行。向不特定对象发行证券的以及向特定对象发行证券累计超过200人的为公开发行。向200人以下的特定对象发行证券，不得采取广告、公开劝诱和变相公开方式、否则就属于公开发行。②设立发行和增资发行。所谓设立发行，是指为使公司成立以募集到法定资本数额为目的的股份发行。增资发行是指已发行证券的股份有限公司，在经过一定的时期后，为了扩充股本而发行新股票。③直接发行和间接发行，直接发行是股份有限公司自己承担发行股票的责任和风险，而股票发行的代办者及股票的经销商只收取一定的手续费，不承担股票发行风险的发行方式。间接发行是指股份有限公司把股票委托给股票承销商等金融机构发行，而股份有限公司不负担风险的发行方式。④议价发行和招标发行，议价发行也称非招标发行，是指证券发行者与证券承销商就证券发行价格、手续费等权责事项充分商讨后再发行或推销的一种发行方式。招标发行是指财政部通过招标方式向有资格的承销商发标，投标者中标后，视同投资购买性质，可按一定价格向社会再行出售。⑤平价发行、溢价发行和折价发行，平价发行也称为等额发行或面额发行，是指发行人以票面金额作为发行价格。如某公司股票面额为1元，如果采用平价发行方式，那么该公司发行股票时的售价也是1元。溢价发行是指发行人按高于面额的价格发行股票，因此可使公司用较少的股份筹集到较多的资金，同时还可降低筹资成本。折价发行又称低价发行是指以低于面额的价格出售新股，即按面额打一定折扣后发行股票，折扣的大小主要取决于发行公司的业绩和承销商的能力。

二、股票发行的条件

1. 首次发行股票的条件

首次公开发行股票的条件有：①发起人符合法定人数；②发起人认购和募集的股本达到法定资本最低限额；③股份发行、筹办事项符合法律规定；④发起人指定公司章程、采用筹集方式设立的经创立大会通过；⑤有公司名称、建立符合股份有限公司要求的组织机构；⑥有公司住所；⑦发行人应当是依法设立且合法存续的股份有限公

司；⑧发行人应当具有完整的业务体系和直接面向市场独立经营的能力；⑨发行人资产质量良好，资产负债结构合理，赢利能力较强，现金流正常；⑩募集资金应当具有明确的使用方向，原则上应当用于主营业务。

2. 上市公司公开发行新股的条件

上市公司发行新股的条件有：①该上市公司具备健全且运行良好的组织机构；②该上市公司具有持续赢利能力，财务状况良好；③该上市公司最近3年财务会计文件无虚假记载，无其他重大违法行为；④经国务院批准的其他条件。

三、公司债券发行的条件

1. 证券的承销

证券承销采取代销或包销的方式，应当签订承销协议。向不特定对象公开发行的证券票面总值超过人民币5000万元的，应当由承销团承销。证券的代销、包销期限最长不得超过90日。证券公司在代销、包销期间，对所代销、包销的证券应当保证现行出售给认购人，证券公司不得为本公司预留代销的证券和预先购入并留存所包销的证券。向投资者出售的股票数量未达到拟公开发行股票数量的70%的，为发行失败。发行人应当按照发行价并加算银行同期存款利息返还股票认购人。

2. 证券保荐制度

企业发行上市必须有保荐机构进行保荐，还需要有保荐代表人资格的从业人员具体负责保荐工作，下列情况不能成为保荐机构：①保荐代表人数量少于2名的；②公司治理机构存在重大缺陷，风险控制制度不健全，未能有效执行的；③最近24个月因违法违规被中国证监会从名单中去除的；④中国证监会规定的其他情形。

保荐机构应当保证所出具的文件真实、准确、完整。

证券保荐分为尽职推荐阶段和持续督导阶段。尽职推荐阶段：从中国证监会正式受理公司申请文件到完成发行上市为尽职推荐阶段；持续督导阶段：首次发行股票的，持续性督导期间为上市当年剩余时间及其后两个完整的会计年度；上市公司再次公开发行证券的，持续督导期间为上市当年剩余时间及其后一个完整的会计年度。

3. 保荐责任

证券保荐必须对发行人进行辅导和尽职调查，要保证或有充分理由确信向中国证监会提交的相关文件不存在虚假记载、误导性称述或者重大遗漏，要在推荐文件中对发行人的信息披露质量、发行人的独立性和持续经营能力等作出必要的承诺。

四、证券投资基金

1. 证券投资基金的基本含义

证券投资基金是一种利益共存、风险共担的集合证券投资方式，即通过发行基金单位，集中投资者的资金，由基金托管人托管，由基金管理人管理和运用资金，从事股票、债券等金融工具投资，并将投资收益按基金投资者的投资比例进行分配的一种

间接投资方式。

2. 证券投资基金的性质

根据证券投资基金的含义，我们可以看出其性质体现在以下几个方面：①证券投资基金是一种集合投资制度；②证券投资基金是一种信托投资方式。它与一般金融信托关系一样，主要有委托人、受托人、受益人三个关系人，其中受托人与委托人之间订有信托契约；③证券投资基金是一种金融中介机构。④证券投资基金是一种证券投资工具。

3. 证券投资基金的特征

基金作为一种现代化的投资工具，主要具有以下三个特征：

(1) 集合投资。基金是将零散的资金巧妙地汇集起来，交给专业机构投资于各种金融工具，以谋取资产的增值。基金对投资的最低限额要求不高，投资者可以根据自己的经济能力决定购买数量，有些基金甚至不限制投资额大小，完全按份额计算收益的分配，因此，基金可以最广泛地吸收社会闲散资金，集腋成裘，汇成规模巨大的投资资金。在参与证券投资时，资本越雄厚，优势越明显，而且可能享有大额投资在降低成本上的相对优势，从而获得规模效益的好处；

(2) 分散风险。以科学的投资组合降低风险、提高收益是基金的另一大特点。要实现投资资产的多样化，需要一定的资金实力，对小额投资者而言，由于资金有限，很难做到这一点，而基金则可以帮助中小投资者解决这个困难。基金可以凭借其雄厚的资金，在法律规定的投资范围内进行科学的组合，分散投资于多种证券，借助于资金庞大和投资者众多的公有制使每个投资者面临的投资风险变小，另一方面又利用不同的投资对象之间的互补性，达到分散投资风险的目的；

(3) 专业理财。基金实行专家管理制度，这些专业管理人员都经过专门训练，具有丰富的证券投资和其他项目投资经验。他们善于利用基金与金融市场的密切联系，运用先进的技术手段分析各种信息资料，能对金融市场上各种品种的价格变动趋势作出比较正确的预测，最大限度地避免投资决策的失误，提高投资成功率。对于那些没有时间，或者对市场不太熟悉，没有能力专门研究投资决策的中小投资者来说，投资基金，实际上就可以获得专家们在市场信息、投资经验、金融知识和操作技术等方面所拥有的优势，从而尽可能地避免盲目投资带来的失败。

4. 基金的类型

(1) 封闭式基金。封闭式基金是指基金的发起人在设立基金时，限定了基金单位的发行总额，筹集到这个总额后，基金即宣告成立，并进行封闭，在一定时期内不再接受新的投资。其又称为固定型投资基金。基金单位的流通采取在证券交易所上市的办法，投资者日后买卖基金单位都必须通过证券经纪商在二级市场上进行竞价交易。

(2) 开放式基金。开放式基金是指基金管理公司在设立基金时，发行基金单位的总份额不固定，可视投资者的需求追加发行。投资者也可根据市场状况和各自的投资决策，或者要求发行机构按现期净资产值扣除手续费后赎回股份或受益凭证，或者再买入股份或受益凭证，增值基金单位份额。为了应付投资者中途抽回资金，实现变现的要求，开放式基金一般都从所筹资金中拨出一定比例，以现金形式保持这部分资产。这虽然会影响基金的盈利水平，但作为开放式基金来说，这是必需的。

（3）封闭式基金与开放式基金的区别。

①期限不同。封闭式基金通常有固定的封闭期，通常在5年以上，一般为10年或15年，经受益人大会通过并经主管机关同意可以适当延长期限。而开放式基金没有固定期限，投资者可随时向基金管理人赎回基金单位。②发行规模限制不同，封闭式基金在招募说明书中列明其基金规模，在封闭期限内未经法定程序认可不能再增加发行。开放式基金没有发行规模限制，投资者可随时提出认购或赎回申请，基金规模就随之增加或减少。③基金单位交易方式不同。封闭式基金的基金单位在封闭期限内不能赎回，持有人只能寻求在证券交易场所出售给第三者。开放式基金的投资者则可以在首次发行结束一段时间（多为3个月）后，随时向基金管理人或中介机构提出购买或赎回申请，买卖方式灵活，除极少数开放式基金在交易所作名义上市外，通常不上市交易。④投资策略不同。封闭式基金的基金单位数不变，资本不会减少，因此基金可进行长期投资，基金资产的投资组合能有效在预定计划内进行。开放式基金因基金单位可随时赎回，为应付投资者随时赎回兑现，基金资产不能全部用来投资，更不能把全部资本用来进行长线投资，必须保持基金资产的流动性，在投资组合上需保留一部分现金和高流动性的金融商品。

5. 设立基金公司的条件

设立基金公司的条件有：①注册资金不低于1亿元人民币，并且必须是实缴；②主要股东具有从事证券经营、证券投资咨询、信托资产管理或者其他金融资产管理的较好的经营业绩和良好的社会信誉、最近3年没有违法记录，注册资本不低于3亿元人民币；③取得基金从业资格的人员达到法定人数。④有符合要求的营业场所、安全防范设施和基金管理业务有关的其他设施；⑤有完善的内部稽核监控制度和风险控制制度。

6. 证券投资基金的设立

我国基金事业的发展尚属初级阶段，而基金的设立又是基金运作的第一步，因此，为了保证基金成立后能够规范正常地管理、运作，需要严把基金设立关实行严格的“核准制”。

（1）基金设立的程序。证券投资基金的设立包括四个主要步骤。①确定基金性质。分为开放型基金和封闭型基金种，基金发起人首先应对此进行选择；②选择共同发起人、基金管理人与托管人，制定各项申报文件。根据有关对基金发起人资格的规定慎重选择共同发起人，签订“合作发起设立证券投资基金协议书”，选择基金保管人，制定各种文件，规定基金管理人、托管人和投资人的责、权、利关系；③向主管机关提交规定的报批文件。同时，积极进行人员培训工作，为基金成立作好各种准备；④发表基金招募说明书，发售基金券。一旦招募的资金达到有关法规规定的数额或百分比，基金即告成立，否则，基金发起便宣告失败。

（2）申请设立基金应提交的文件和内容。根据《证券投资基金管理暂行办法》及其实施细则，基金发起人在申请设立基金时应当向证监会提供的文件有：①申请报告。主要内容包括：基金名称、拟申请设立基金的必要性和可行性、基金类型、基金规模、存续时间，发行价格、发行对象、基金的交易或申购和赎回安排、拟委托的托管人和管理人以及重要发起人签字、盖章。②发起人情况。包括发起人的基本情况、法人资格与业务资格证明文件。③发起人协议。主要内容包括：拟设立基金名称、类型、规模、募集方式和存续时间；基金发起人的权利和义务，并具体说明基金未成立时各发起人的责任、义务；发起人认购基金单位的出资方式、期限以及首次认购和在存续期间持有的基金单位份额；拟聘任的基金托管人和基金管理人；发起人对主要发起人的授权等。申请设立开放式基金时，除应报送上述材料外，基金管理人还应向中国证监会报送开放式基金实施方案及相关文件。④基金契约与托管协议。⑤招募说明书。⑥发起人的财务报告。包括主要发起人经具有从事证券相关业务资格的会计师事务所及其注册会计师审计的最近 3 年的财务报表和审计报告，以及其他发起人实收资本的验资证明。⑦法律意见书。具有从事证券法律业务资格的律师事务所及其律师对发起人资格、发起人协议、基金契约、托管协议、招募说明书、基金管理公司章程、拟委任的基金托管人和管理人的资格，本次发行的实质条件、发起人的重要财务状况等问题出具法律意见。⑧募集方案。包括基金发行基本情况及发行公告。

7. 证券投资基金的交易

（1）基金上市交易的条件。基金上市交易的条件有：①基金的募集符合《证券投资基金法》的规定；②基金合同期限为 5 年以上；③基金募集金额不低于 2 亿元人民币；④基金持有人不少于 1000 人；⑤基金份额上市交易规则规定的其他条件。

（2）基金的交易方式。基金交易方式因基金性质不同而不同。封闭式基金因有封闭期规定，在封闭期内基金规模稳定不变，既不接受投资者的申购也不接受投资者的赎回。因此，为满足投资者的变现需要，封闭式基金成立后通常申请在证券交易所挂牌，交易方式类似股票，即是在投资者之间转手交易。而开放式基金因其规模是“开放”的，在基金存续期内其规模是变动的，除了法律允许自基金成立日至基金成立满 3 个月期间，依基金契约和招募说明书规定，可只接受申购不办理赎回外，其余时间如无特别原因，应在每个交易日接受投资者的申购与赎回。因此，开放式基金的交易方式为场外交易，在投资者与基金管理人或其代理人之间进行交易，投资者可至基金管理公司或其代理机构的营业网点进行基金券的买卖，办理基金单位的随时申购与赎回。

（3）基金的终止和暂时停止。在下列情况下，经主管机关批准，基金应该终止，结束营业：①基金封闭期满，未获批准续期的；②因基金原管理人或基金原托管人退任而无新的基金管理人或基金托管人承接的，或在基金存续期内有超过基金招募说明书规定的连续数量工作日以上，基金持有人数量不足 100 人或基金资产净额低于 5000 万元的；③基金持有被人大会表决终止的；④因重大违法违规行为，被中国证监会责

令终止的；⑤由于投资方向变更而引起基金合并、撤销的；⑥法律、法规或中国证监会允许的其他情况。

在下列情况下，经主管机关批准，基金应该暂时停止：①发生重大变更而不符合上市条件；②违反国家法律、法规、国务院证券监督管理机构决定暂停上市；③严重违反投资基金上市规则；④国务院证券监督管理机构和证券交易所认为须暂停上市的其他情形。

第三节　证券交易

一、证券交易的概念、方式以及类型

1. 概念

证券交易是指证券持有人依照证券交易规则，将已依法发行的证券转让给其他证券投资者的行为。

2. 方式

证券交易有集合竞价和连续竞价两种方式：①集合竞价是指在每个交易日上午9：15～9：25，由投资者按照自己所能接受的心理价格自由地进行买卖申报，电脑交易主机系统对全部有效委托进行一次集中撮合处理过程。在集合竞价时间内的有效委托报单未成交，则自动有效进入9：30开始的连续竞价；②连续竞价是指对申报的每一笔买卖委托，由电脑交易系统按照以下两种情况产生成交价，最高买进申报与最低卖出申报相同，则该价格即为成交价格；买入申报高于卖出申报时，或卖出申报低于买入申报时，申报在先的价格即为成交价格。

3. 证券交易的类型

（1）现货交易

现货交易是证券交易双方在成交后即时清算交割证券和价款的交易方式。

（2）期货交易

所谓期货交易，就是指由期货交易所统一制定的、规定在将来某一特定的时间和地点交割一定数量标的物的标准化合约的基础上进行的交易。

（3）期权交易

期权交易是当事人为获得证券市场价格波动带来的利益，约定在一定时间内，以特定价格买进或卖出指定证券，或者放弃买进或卖出指定证券的交易。证券期权交易是以期权作为交易标的的交易形式。期权分为看涨期权和看跌期权两种基本类型。

（4）信用交易

信用交易是投资者凭借自己提供的保证金和信誉，取得经纪人信用，在买进证券时由经纪人提供贷款，在卖出证券时由经纪人贷给证券而进行的交易。

(5) 全价交易和净价交易

全价交易是指买卖债券时，以含有债券应计利息的价格报价，也按该全价价格进行清算交割。净价交易是以不含利息的价格进行的交易，这种交易方式是将债券的报价与应计利息分解，价格只反应本金市值的变化，利息按面值利率以天计算，持有人享有持有期的利息收入。其中净价＝全价－应计利息。

二、证券上市制度

(1) 概念。上市是指某种已经发行证券获准成为证券交易所的交易对象的过程。

(2) 证券上市的类型。普通上市和首次发行上市。首发上市即首次公开发行股票，指一家企业第一次将它的股份向公众出售。通常情况下，上市公司的股份是根据向相应证券会出具的招股书或登记声明中约定的条款通过投行进行销售。一般来说，一旦首次公开上市完成后，这家公司就可以申请到证券交易所或报价系统挂牌交易。对应的已上市的公司通过指定投资者（如大股东或机构投资者）或全部投资者额外发行股份募集资金的融资方式即普通上市。

此外证券上市还可以分为授权上市和认可上市，股票上市和债券上市等。

(3) 股票上市的条件。

股票上市应满足以下条件：①股票经中国证监会核准已经公开发行；②公司股本总额不少于人民币 3000 万元；③公开发行的股份达到公司股份总数的 25％以上，公司股本总额超过人民币 4 亿元的，公开发行股份的比例为 10％以上；④公司最近 3 年无重大违法行为，财务会计报告无虚假记载。

(4) 暂停上市的条件。

上市公司出现以下情况的应当暂停上市：①上市公司股本总额（3000 万元）、股权分布（25％、10％）等发生变化不再具备上市条件；②上市公司不按照规定公开其财务状况，或者对财务会计报告作出虚假记载；③上市公司有重大违法行为的；④上市公司最近 3 年连续亏损；⑤证券交易所上市规则规定的其他情形。

(5) 股票终止上市。上市公司出现以下情况的应当终止上市：①上市公司股本总额、股权分布等发生变化不再具备上市条件，在证券交易所规定的期限内仍不能达到上市条件；②上市公司不按照规定公开其财务状况，或者对财务会计报告作虚假记载，且拒绝纠正；③上市公司最近 3 年连续亏损，在其后一个年度内未能恢复赢利。连续 3 年亏损暂停上市，连续 4 年亏损终止上市；④上市公司解散或者被宣告破产；⑤证券交易所上市规则规定的其他情形。

(6) 公司债券上市条件。公司债券上市的条件有：①公司债券的期限为一年以上；②公司债券按实际发行额不少于人民币 5000 万元；③公司申请债券上市时仍符合法定的公司债券发行条件。

(7) 公司债券暂停上市。公司出现以下情况公司债券暂停上市：①公司有重大违法行为；②公司情况发生重大变化不符合公司债券上市条件；③公司债券所募集资金

不按照核准的用途使用；④未按照公司债券募集办法履行义务；⑤公司最近2年连续亏损。

(8) 公司债券终止上市。公司出现以下情况公司债券公司债券终止上市：①公司有重大违法行为，经查实后果严重的；②公司情况发生重大变化不符合公司债券上市条件，在期限内未能消除的；③公司债务按所募集资金不按照核准的用途使用，在限期内未能消除的；④未按照公司债券募集办法履行义务，经查实后果严重的；⑤公司最近两年连续亏损，在限期内未能消除的；⑥公司解散或者被宣告破产的。

第四节　上市公司收购

一、控制权的界定

有下列情形之一的，表明已获得或拥有上市公司控股权：①投资者为上市公司持股50%以上的控股股东；②投资者可以实际支配上市公司股份表决权超过30%；③投资者通过实际支配上市公司股份表决权能够决定公司董事会半数以上成员选任；④投资者依其可实际支配的上市公司股份表决权足以对公司股东大会的决议产生重大影响；⑤中国证监会认定的其他情形。

二、要约收购

通过证券交易所的证券交易，投资者持有或者通过协议、其他安排与他人共同持有一家公司已发行的股份达到30%时，继续进行收购的，应当依法向该上市公司所有收购上市公司全部或部分股份的要约。收购上市公司部分股份的收购要约应当约定，被收购公司股东承诺出售的股份超过预定收购的份数额时，收购人按比例进行收购。

收购人在报送上市公司收购报告书之日起15日后，公告其收购要约。收购要约约定的收购期限不得少于30日，并且不得超过60日。在收购要约确定的承诺期限内，收购人不得撤销其收购要约。收购人需要变更其收购要约的，必须事先向中国证监会、证券交易所提出报告，经批准后，予以公告。

收购要约提出的各项收购条件，适用于被收购上市公司的所有股东。采取要约收购方式的，收购人在收购期限内，不得卖出被收购公司的股票，也不得采取要约规定以外的形式和超出要约的条件买入被收购公司的股票。

三、协议收购

采取协议方式收购上市公司的，收购协议达成后，收购人必须在3日内将该收购协议向中国证监会、证券交易所做出书面报告，并予公告。在公告前不得履行收购协议。

采取协议收购方式，收购人收购或者通过协议，其他安排与他人共同收购一个上市公司已发行的股份达到30%时，继续进行收购的，应当向该上市公司所有股东发出收购上市公司全部或者部分股份的要约。但是，经中国证监会免除发出要约的除外。

四、上市公司收购的权益披露

1. 一致行动人的界定

一致行动人，是指在上市公司的收购及相关股份权益变动活动中有一致行动情形的投资者。如果没有相反的证据，投资者有下列情形之一的，为一致行动人：

①投资者之间有股权控制关系；②投资者受同一主体控制；③投资者的董事、监事或者高级管理人员中的主要成员，同时在另一个投资者担任董事、监事或者高级管理人员；④投资者参股另一投资者，可以对参股公司的重大决策产生重大影响；⑤银行以外的其他法人、其他组织和自然人为投资者取得相关股份提供融资安排；⑥投资者之间存在合伙、合作、联营等其他经济利益关系；⑦持有投资者30%以上股份的自然人，与投资者持有同一上市公司股份；⑧在投资者任职的董事、监事及高级管理人员，与投资者持有同一上市公司股份；⑨持有投资者30%以上股份的自然人和在投资者任职的董事、监事及高级管理人员。其父母、配偶、子女及其配偶、配偶的父母、兄弟姐妹及其配偶、配偶的兄弟姐妹及其配偶等亲属，与投资者持有同一上市公司股份；⑩在上市公司任职的董事、监事、高级管理人员及其前项所述亲属，同时持有本公司股份的，或者与自己或者其前项亲属直接或间接控制的企业同时持有本公司股份；⑪上市公司董事、监事、高级管理人员和员工与其所控制或者委托的法人或者其他组织持本公司股份；⑫投资者之间具有其他关联关系。

2. 进行权益披露的情形

投资者及其一致行动人拥有权益的股份达到一个上市公司已发行股份的5%时，应当在该事实发生之日起3日内编制权益变动报告书，向中国证监会、证券交易所提出书面报告，抄报该上市公司所在地的中国证监会派出机构，通知该上市公司，并予公告。在上述期限内，不得再行买卖该上市公司的股票。

投资者及其一致行动人拥有权益的股份达到一个上市公司已发行股份的5%时，通过证券交易所的证券交易，其拥有权益的股份占该上市公司已发行股份的比例每增加或者减少5%。应当依照前述规定进行报告和公告。在报告期限内和作出报告、公告后2日内，不得再行买卖该上市公司股票。

3. 权益变动报告书的编制

投资者及其一致行动人不是上市公司的第一大股东或者实际控制人，其拥有权益的股份达到或者超过该公司已发行股份的5%，但未达到20%的，应当编制简式权益变动报告书。投资者及其一致行动人是上市公司的第一大股东或者实际控制人，应当编制详细权益变动报告书。

五、上市公司收购后事项的处理

收购期限届满，被收购公司股份分布不符合上市条件的（公开发行的股份达到公

司股份总数的25%以上)，该上市公司的股票应当由证券交易所依法终止上市交易。其余仍持有被收购公司股票的股东，有权向收购人以收购要约的同等条件出售其股票，收购人应当收购。

在上市公司收购中，收购人持有的被收购公司的股票，在收购行为完成后的12个月内不得转让。收购行为完成后，收购人应当在15日内将收购情况报告中国证监会和证券交易所，并予公告。

第五节　证券交易所、证券中介机构及其违反证券法的法律责任

一、证券交易所的设立和解散

设立证券交易所，由国务院证券管理委员会审核，报国务院批准。在实践中，申请设立证券交易所应当向国务院证券管理委员会提交下列文件：

申请书；章程和主要业务规则草案；拟加入委员会名单；理事会候选人名单及简历；场地、设备及资金情况说明；拟任用管理人员的情况说明等。

其中，证券交易所章程的事项主要有：设立目的；名称；主要办公及交易场所和设施所在地、职能范围；会员资格和加入、退出程序；会员的权利和义务；对会员的纪律处分；组织机构及其职权；高级管理人员的产生、任免及其职责；资本和财务事项；解散的条件和程序等。

如果证券交易所出现章程规定的解散事由，由会员决议解散的，经国务院管理委员会审核同意后，报国务院批准解散。

二、证券交易所的职责

证券交易所应当创造公开、公平的市场环境，提供便利条件从而保证股票交易的正常运行。证券交易所的职责主要包括：提供股票交易的场所和设施；制定证券交易所的业务规则；审核批准股票的上市申请；组织、监督股票交易活动；提供和管理证券交易所的股票时场信息等。

1. 证券交易所的业务规则

证券交易所的业务规则包括上市规则、交易规则及其他与股票交易活动有关的规则。具体说来，应当包括下列事项：股票上市的条件、申请程序以及上市协议的内容及格式；上市公告书的内容及格式；交易股票的种类和期限；股票的交易方式和操作程序；交易纠纷的解决；交易保证金的交存；上市股票的暂停、恢复和取消交易；证券交易所的休市及关闭；上市费用、交易手续费的收取；该证券交易所股票市场信息的提供和管理；对违反证券交易所业务规则行为的处理等。

2. 证券交易所的组织

证券交易所设委员大会、理事会和专门委员会。

会员大会为证券交易所的最高权力机构，每年至少召开一次。会员大会的职权主要有：制定证券交易所章程；选举和罢免理事；审议、通过理事会、总经理的工作报告；审议、通过证券交易所财务预算、决算报告；决定证券交易所的其他重大事项。

理事会对会员大会负责，是证券交易所的决策机构，每届任期 3 年。理事会的职责主要包括：执行会员大会的决议；拟定、修改证券交易所的业务规则；聘任总经理和根据总经理的提名聘任副总经理；审定总经理提出的工作计划，财务预算及决算方案；审定对会员的接纳与处分；根据需要决定专门委员会的设置等。证券交易所设总经理 1 人，副总经理 1～3 人；总经理与副总经理的任期为 3 年。总经理在理事会的领导下负责证券交易所的日常管理工作，是证券交易所法定代表人。总经理因故不能履行职责时，由副总经理代其履行职责。

专门委员会主要有上市委员会和监察委员会。上市委员会由 13 名委员组成（律师、注册会计师、证券交易所所在地会员和外地会员代表各 2 人；中国证券监督管理委员会和证券交易所所在地人民政府授权的机构各位派 1 人；证券交易所理事长、总经理；证券交易所其他理事 1 人，其职责主要有审批股票的上市及拟定上市规定和提出修改上市规则的建议。

监察委员会由 9 名委员组成（证券交易所所在地会员 2 人，外地会员 4 人、律师注册会计师各 1 名；理事 1 名），每届任期 3 年，其主要职责有：监察理事、总经理等高级管理人员执行会员大会、理事会决议的情况；监察理事、总经理及其他工作人员遵守法律、法规和证券交易所章程、业务规则的情况；监察证券交易所的财务情况等。

三、证券交易所对股票交易活动的监管

证券交易所对股票交易活动的监管主要包括下列内容：

(1) 证券交易所应当即时公布行情，并按日制作股票行情表，记载并以适当方式公布下列事项：上市股票的名称；开市、最高、最低、及收市价格；与前一交易日收市价比较后的涨跌情况；成交量、值的分计及合计；股票指数及其涨跌情况等。

(2) 证券交易所应当就市场内的成交情况编制日报表、周报表、月报表和年报表，并及时向社会公布。

(3) 证券交易所应当监督上市公司按照规定披露信息。

(4) 证券交易所应当与上市公司订立上市协议，以确定相互间的权利义务关系。

(5) 证券交易所应建立上市推荐人制度，以保证上市公司符合上市要求。

(6) 证券交易所应当依照股票法规和证券交易所的上市规则、上市议的规定，或者根据中国证券监督管理委员会的要求，对上市股票作出暂停、恢复或者取消其交易的决定。

(7) 证券交易所应当设立上市公司的档案资料，并对上市公司的董事、监事及高

级管理人员持有上市股票的情况进行统计，并监督其变动情况。

(8) 证券交易所的会员应当遵守证券交易所的章程、业务规则，依照章程、业务规则的有关规定向证券交易所缴纳席位费、手续等费用，并缴存交易保证金。

(9) 证券交易所的会员应当向证券交易所和中国证券监督管理委员会提供季度、中期及年度报告，并主动报告有关情况；证券交易所有权要求会员提供有关报表、账册、交易记录及其他文件。

四、对证券交易所的管理与监督

对证券交易所的管理与监督应当遵循以下准则：

(1) 证券交易所不得以任何方式转让其依照股票交易法规取得的设立及业务许可。

(2) 证券交易所的非会员理事及其他工作人员不得以任何形式在证券交易所会员公司兼职。

(3) 证券交易所的理事、总经理、副总经理及其他工作人员不得以任何方式泄露或者利用内幕信息，不得以任何方式从证券交易所的会员、上市公司获取利益。

(4) 证券交易所的高级管理人员及其他工作人员在履行职责时，凡有与本人有亲属关系或者其他厉害关系情形时，应当回避。

(5) 证券交易所应当建立符合股票监督管理和实施监控要求的系统，并根据证券交易所所在地人民政府和中国证券监督管理委员会的要求，向其提供股票市场信息。

(6) 证券交易所所在地人民政府授权机构和中国证券监督管理委员会有权要求证券交易所提供会员和上市公司的有关材料。

(7) 证券交易所应当于每一年财政年度终了后三个月内，编制经具有股票从业独立核算资格的会计师事务所审计的财务报告，报证券交易所所在地人民政府授权机构和中国证券监督管理委员会备案，同时抄报国务院证券管理委员会。

(8) 证券交易所不可预料的偶发事件导致停市，或者为维护证券交易所正常秩序采取技术性停市措施，必须立即向证券交易所所在地人民政府和中国证券监督管理委员会报告，并抄报国务院证券管理委员会。

(9) 证券交易所所在地人民政府授权机构和中国证券监督管理委员会有权要求证券交易所提供有关业务、财务等方面的报告和材料，并有权派人员检查证券交易所的业务、财务状况以及会计账簿和其他有关资料。

(10) 证券交易所应当按照国家有关规定将其会员缴存的交易保证金存入银行专门账户，不得擅自试用。

(11) 证券交易所、证券交易所会员涉及诉讼，以及这些单位的高级管理人员因履行职责涉及诉讼或者依照股票法规应当受到解除职务的处分时，证券交易所应当及时向证券交易所所在地人民政府授权机构和中国证券监督管理委员会报告。

练习一

一、单项选择题

1. 下列规范性文件中，属于部门规章的是（　　）。

A. 吉林省人民代表大会常委会制定的《吉林省反不正当竞争条例》

B. 国务院制定的《人民币管理条例》

C. 全国人民代表大会常务委员会制定的《中华人民共和国证券法》

D. 财政部颁布的《会计从业资格管理办法》

2.《中华人民共和国税收征收管理法》，在经济法的体系中属于（　　）。

A. 宏观调控法　　B. 市场规制法　　C. 金融调控法　　D. 计划调控法

3.《中华人民共和国消费者权益保护法》，在经济法的体系中属于（　　）。

A. 宏观调控法　　B. 市场规制法　　C. 反不正当竞争法　D. 财税调控法

4. 我国地方性法规的制定主体是（　　）。

A. 全国人大及其常委会

B. 国务院

C. 国务院所属的各部、委、行、署

D. 省、自治区、直辖市以及较大市的人大及其常委会

5. 经济法主体中，受控主体和受制主体资格的取得，主要是依据（　　）。

A. 宪法　　B. 立法法　　C. 民商法　　D. 组织法

6. 下列选项中，不属于宏观调控行为中财税调控行为的是（　　）。

A. 预算调控行为　　B. 国债调控行为

C. 价格调控行为　　D. 税收调控行为

7. 从行为对象角度出发，国家调整税收优惠措施的立法行为，属于（　　）。

A. 非单方行为　　B. 对策行为　　C. 具体行为　　D. 抽象行为

8. 从经济法主体行为的层级性来看，在财政法领域，预算的收支行为属于（　　）。

A. 基础性行为　　B. 高层次行为　　C. 市场对策行为　　D. 抽象行为

9. 市场主体针对国家的调制行为所实施的博弈行为，称为（　　）。

A. 横向对策行为　　B. 一般市场规制行为

C. 纵向对策行为　　D. 特殊市场规制行为

10. 全国人民代表大会常务委员会制定并通过《中华人民共和国反垄断法》的行为，体现了（　　）。

A. 宏观调控立法权　　B. 宏观调控执法权

C. 市场规制立法权　　　　　　　　　　　D. 市场规制执法权

11. 下列选项中，不属于宏观调控权的是（　　）。

A. 财政收入权　　　　　　　　　　　　　B. 货币发行权

C. 金融市场规制权　　　　　　　　　　　D. 利率调整权

12. 下列选项中，不属于经济法责任中惩罚性责任的是（　　）。

A. 罚款　　B. 吊销营业执照　　C. 损害赔偿　　D. 信用减等

二、多项选择题

1. 经济法所调整的两类社会关系包括（　　）。

A. 宏观调控关系　B. 民商经济关系　C. 市场规制关系　D. 市场交易关系

2. 下列选项中，属于市场规制法的部门法的有（　　）。

A. 反垄断法　　　　　　　　　　　　　B. 财税法

C. 反不正当竞争法　　　　　　　　　　D. 消费者保护法

3. 下列选项中，属于我国重要的调控主体的有（　　）。

A. 国家税务总局　　　　　　　　　　　B. 国家发展与改革委员会

C. 中国人民银行　　　　　　　　　　　D. 某市质量技术监督检验局

4. 下列选项中，可以成为经济法主体的有（　　）。

A. 政府　　B. 各类企业　　C. 非营利组织　　D. 外国人

5. 下列选项中，可以成为我国经济法主体中的调控主体或规制主体的有（　　）。

A. 财政部　　B. 企业　　C. 中国人民银行　　D. 商务部

6. 国家调整银行贷款利率的行为，属于（　　）。

A. 单方行为　　　　　　　　　　　　　B. 非单方行为

C. 调控行为　　　　　　　　　　　　　D. 市场主体的对策行为

7. 下列选项中，属于宏观调控行为的有（　　）。

A. 财税调控行为　　　　　　　　　　　B. 市场规制行为

C. 金融调控行为　　　　　　　　　　　D. 计划调控行为

8. 下列选项中，属于纵向对策行为的有（　　）。

A. 依法纳税行为　　　　　　　　　　　B. 不正当竞争行为

C. 逃税、避税行为　　　　　　　　　　D. 侵害消费者权益的行为

9. 法律行为的要素是多方面的，下列选项中属于法律行为主观方面的要素有（　　）。

A. 行为手段要素　B. 行为目的要素　C. 认知能力要素　D. 行为结果要素

10. 经济法主体权利义务的特殊性包括（　　）。

A. 权利与义务配置上存在着“不均衡性”

B. 权利规范和义务规范在主体分布上的“倾斜性”

C. 权利义务具有“对等性”

D. 权利义务具有“不对等性”

11. 根据《中华人民共和国反不正当竞争法》的规定，经营者采用财物或者其他手

段进行贿赂以销售或者购买商品，构成犯罪的，依法追究刑事责任；不构成犯罪的，监督检查部门可以根据情节处以1万元以上20万元以下的罚款，有违法所得的，予以没收。这体现了经济法（ ）。

A. 责任承担上的双重性　　B. 责任承担上的单一性

C. 责任承担上的非单一性　　D. 经济法责任的经济性

12. 依据法律门类的标准，根据经济法主体违反的经济法的法律部门的不同，可以将经济法责任分为（ ）。

A. 调控主体和规制主体的法律责任　　B. 违反宏观调控法的责任

C. 违反市场规制法的责任　　D. 接受调控和规制的主体的法律责任

13. 下列选项中，属于经济法责任中赔偿性责任的有（ ）。

A. 民法上的损害赔偿责任　　B. 税法上的滞纳金

C. 刑法上的有期徒刑　　D. 会计法上的罚款

三、判断题

1.《中华人民共和国企业所得税法》在我国经济法的体系中属于市场规制法。（ ）

2. 国务院制定的《人民币管理条例》属于我国经济法渊源中的部门规章。（ ）

3. 经济法主体中的调控主体与规制主体是主导者，受控主体和受制主体处于完全被动地受控或受制地位。（ ）

4. 无论是调控主体和规制主体，还是接受调控或规制的企业等市场主体，其主体资格的取得需要依据宪法和法律的规定，特别是专门的组织法的规定才能取得。（ ）

5. 企业依法纳税的行为，属于市场对策行为中的横向对策行为。（ ）

6. 法律行为一定是有效行为。（ ）

7. 横向对策行为，是市场主体针对国家的调制行为所实施的博弈行为，既包括对国家调制行为的遵从、合作行为，也包括对国家调制行为的规避、不合作行为。（ ）

8. 从享有调制权的主体来看，同一主体可能既享有调控权，又享有规制权。（ ）

9. 市场对策权是接受调控和规制的市场主体从事市场经济活动的一种强制性权利。（ ）

10. 经济法责任既包括“本法责任”，也包括“他法责任”。（ ）

练习二

一、单项选择题

1. 根据公司法律制度的规定，有限责任公司为实际控制人提供担保的，应当由（　　）作出决议。

A. 总经理　　B. 董事会　　C. 监事会　　D. 股东会

2. 甲、乙两公司与郑某、张某欲共同设立一家有限公司，并在拟订公司章程时约定了各自的出资方式。下列有关各股东的部分出资方式中，符合公司法律制度规定的是（　　）。

A. 甲公司以其获得的某知名品牌特许经营权评估作价 20 万元出资

B. 乙公司以其企业商誉评估作价 30 万元出资

C. 郑某以其享有的某项专利权评估作价 40 万元出资

D. 张某以其设定了抵押权的某房产作价 50 万元出资

3. 根据公司法律制度的规定，一般公司设立分公司，申请登记的期限是（　　）。

A. 自决定作出之日起 10 日内　　B. 自决定作出之日起 30 日内

C. 自决定作出之日起 45 日内　　D. 自决定作出之日起 60 日内

4. 某公司的注册资本为 50 万元，根据《公司法》的规定，该公司的股东法定人数应为（　　）。

A. 2 个以上　　B. 50 个以下

C. 5 个以上 50 个以下　　D. 2 个以上 50 个以下

5. 五位发起人以发起方式设立有限责任公司，公司总股本 10000 万元。前四位发起人分别以专利技术、原材料、固定资产评估作价出资；第五位发起人以货币出资。则第五位发起人的出资额不低于（　　）万元。

A. 3000　　B. 1600　　C. 2600　　D. 6600

6. 甲、乙、丙于 2007 年 2 月分别出资 50 万元、30 万元、20 万元设立一家有限责任公司，2008 年 6 月查实甲的机器设备 50 万元在出资时将仅值 20 万元，下列说法错误的是（　　）。

A. 甲的行为属于出资不实

B. 甲应补交其差额 30 万元

C. 如果甲的财产不足补交差额的，必须退出有限责任公司

D. 如果甲的财产不足补交差额的，由乙和丙承担连带责任

7. 根据公司法律制度的规定，下列有关有限责任公司股东出资的表述中，正确的是（　　）。

A. 经全体股东同意，股东可以用劳务出资

B. 不按规定缴纳所认缴出资的股东，应对已足额缴纳出资的股东承担违约责任

C. 股东可以用特许经营权、商誉等资产进行出资

D. 公司章程未约定的情况下，股东向股东以外的人转让出资，须经全体股东 2/3 以上同意

8. 根据《公司法》的规定，规模较小且不设董事会的有限责任公司的法定代表人为（　　）。

A. 股东会指定的负责人　　B. 执行董事

C. 总经理　　D. 执行监事

9. 某有限责任公司的下列行为中，符合我国《公司法》规定的有（　　）。

A. 在法定会计账册之外另设会计账册

B. 将公司资金以个人名义开立账户存储

C. 股东会以财务负责人熟悉财务为由指定其兼任监事

D. 公司章程规定其董事每届任期不得超过 3 年

10. 下列关于一人有限责任公司的表述中，不符合《公司法》对其所作特别规定的是（　　）。

A. 一人有限责任公司的注册资本最低限额为人民币10万元

B. 一人有限责任公司的股东可以分期缴纳公司章程规定的出资额

C. 一个自然人只能投资设立一个一人有限责任公司

D. 一人有限责任公司的股东不能证明公司财产独立于股东自己财产的，应当对公司债务承担连带责任

11. 根据《公司法》的规定，有限责任公司的股东转让股权后，公司无须办理的事项是（　　）。

A. 注销原股东的出资证明书

B. 向新股东签发出资证明书

C. 召开股东会作出修改章程中有关股东及其出资额记载的决议

D. 申请变更工商登记

12. 某三家公司拟募集设立一股份有限公司，在招股说明书上记载的下列事项符合法律规定的是（　　）。

A. 认股人一旦认购股份就不得撤回

B. 由某银行代售股份和代收股款

C. 公司章程由创立大会通过

D. 发起人认购的股份为公司股份总数的 30%

13. 甲、乙、丙三位发起人共同发起设立股份有限公司，成立董事会，则董事会成

员应为（　）人。

A. 3～9　　B. 5～19　　C. 3～13　　D. 5～15

14. 直接或间接持有上市公司已发行一定比例股份的自然人股东不得担任独立董事，该比例为（　）。

A. 5%　　B. 2%　　C. 3%　　D. 1%

15. 下列有关股份有限公司股份转让的叙述，符合我国《公司法》规定的有（　）。

A. 公司不能接受本公司股票作为质押权的标的

B. 公司任何情况下都不得收购本公司股票

C. 发起人持有的本公司股份，自公司成立之日起 3 年内不得转让

D. 无记名股票的转让，由股东将该股票交付给受让人并办理股权转让登记后发生效力

16. 乙属于中原股份有限公司的发起人之一，中原股份有限公司于 2008 年 9 月 1 日正式成立，则乙持有的该公司股票在（　）之前不得转让。

A. 2011 年 9 月 1 日　　B. 2011 年 6 月 1 日

C. 2009 年 9 月 1 日　　D. 2010 年 9 月 1 日

17. 下列内容中，不符合《公司法》规定的有（　）。

A. 股份有限公司可以申请发行公司债券

B. 有限责任公司的法定代表人可以是董事长、执行董事或者经理

C. 财务负责人可以担任有限责任公司的监事

D. 国有独资公司的监事会成员不少于 5 人

18. 甲有限责任公司拟公开发行公司债券，下列有关该公司资产额的表述中，符合《证券法》规定公开发行公司债券条件的是（　）。

A. 该公司总资产额为人民币 3000 万元

B. 该公司净资产额为人民币 3000 万元

C. 该公司总资产额为人民币 6000 万元

D. 该公司净资产额为人民币 6000 万元

19. 国务院证券监督管理机构应当自受理公司债券发行申请文件之日起（　）内，依法作出予以核准或者不予核准的决定。

A. 1 个月　　B. 3 个月　　C. 6 个月　　D. 2 个月

20. 某公司注册资本 1 亿元，累计提取法定公积金余额 3000 万元。2008 年度税后利润为 1500 万元，该公司当年应当提取的法定公积金数额是（　）。

A. 150 万元　　B. 200 万元　　C. 300 万元　　D. 500 万元

21. 甲为红光有限责任公司的债权人，现红光有限责任公司股东会作出公司解散决议，并依法向债权人发出了通知，进行了公告。根据《中华人民共和国公司法》的规定，甲在法定期限内有权向清算组申报债权，该法定期限为（　）。

A. 自接到通知书之日起 15 日内，未接到通知书的自第一次公告起 30 日内

B. 自接到通知书之日起 30 日内，未接到通知书的自第一次公告起 60 日内

C. 自接到通知书之日起 30 日内，未接到通知书的自第一次公告起 45 日内

D. 自接到通知书之日起 90 日内，未接到通知书的自第一次公告起 90 日内

二、多项选择题

1. 下列属于公司的特征的是（　　）。

A. 公司都是依法设立的　　B. 公司是以赢利为目的

C. 公司以股东投资行为为基础设立　　D. 公司都具有法人资格

2. 对有限责任公司和股份有限公司股东责任的表述，下列各选项中正确的有（　　）。

A. 有限责任公司股东以实缴的出资额为限对公司承担责任

B. 有限责任公司股东以其认缴的出资额为限对公司承担责任

C. 股份有限公司股东以其认购的股份为限对公司承担责任

D. 股份有限公司股东以其所持股份为限对公司承担责任

3. 下列关于公司登记的住所，说法正确的是（　　）。

A. 公司是向公司送达法律文件的法定地址

B. 公司的住所是公司主要办事机构所在地

C. 可以向公司登记机关登记多个住所

D. 公司的住所应当在其公司登记机关辖区内

4. 下列属于公司中股东的共益权的是（　　）。

A. 股东会议的参加权　　B. 新股认购优先权

C. 股份质押权　　D. 股东会议表决权

5. 根据公司法律制度的规定，有限责任公司代表 1/10 以上表决权的股东可以提议召开临时股东会会议，这体现的股东权利属于（　　）。

A. 共益权　　B. 自益权　　C. 少数股东权　　D. 单独股东权

6. 根据《公司法》的规定，对下列事项作出的决议中，有限责任公司股东会会议必须经代表 2/3 以上表决权的股东通过的有（　　）。

A. 修改公司章程　B. 减少注册资本　C. 更换公司董事　D. 变更公司形式

7. 某有限责任公司表决权资本总额为 10000 万元，董事会成员有 5 人。下列情形应当召开临时股东会的是（　　）。

A. 持有表决权资本 3000 万元的股东提议召开

B. 公司累计未弥补的亏损为 2000 万元

C. 持有公司股份 10%的股东请求时

D. 4 名董事提议召开

8. 根据公司法律制度的规定，下列人员中，不得担任公司监事的有（　　）。

A. 本公司董事　　B. 本公司经理

C. 本公司副经理　　D. 本公司财务负责人

9. 自然人刘某拟出资设立一家一人有限责任公司，在有关其出资的表述中，符合

《公司法》规定的是（　）。

A. 出资额不得少于 3 万元人民币　　B. 出资额不得少于 10 万元人民币

C. 首期出资不得少于注册资本的 20%　　D. 应当一次足额缴纳出资额

10. 根据《公司法》的规定，下列有关公司组织机构的表述中，不正确的有（　）。

A. 股东人数较少或者规模较小的有限责任公司可以不设监事会和监事

B. 一人有限责任公司不设股东会

C. 国有独资公司的董事长由董事会以全体董事的过半数选举产生

D. 股份有限公司的董事会成员应当有公司职工代表

11. 某有限责任公司共有股东 15 人，股东韩某拟向王某转让出资，使王某成为公司的新股东。韩某按照规定通知了其他股东，其他股东 8 人同意，6 人不同意。对该股东会议情况的下列表述中，不正确的有（　）。

A. 同意转让的股东超过其他股东的半数，股东韩某可以转让出资

B. 同意转让的股东未达到全体股东的 2/3，股东韩某不能转让该出资

C. 股东韩某不能转让该出资

D. 不同意转让的股东应当购买股东韩某拟转让的出资

12. 甲、乙、丙准备注册成立一家股份有限公司，拟定的注册资本为 5000 万元，下列情形中，符合法律规定的有（　）。

A. 采取发起设立方式，首次出资 1500 万元

B. 采取发起设立方式，首次出资 1750 万元

C. 采取募集方式设立，发起人认购 1500 万元

D. 采取募集方式设立，发起人认购 1750 万元

13. 某股份有限公司实收股本总额为 5000 万元，董事会有 5 名成员，根据公司法律制度的规定，该公司在 2 个月内召开临时股东大会的情形有（　）。

A. 董事会人数减至 4 人时　　B. 未弥补亏损达 2000 万元时

C. 监事会提议召开时　　D. 持有该公司 8%股份的股东请求时

14. 根据公司法律制度的规定，股份有限公司发生下列情形时，应召开临时股东大会的有（　）。

A. 持有公司股份 10%的股东书面请求时

B. 公司未弥补的亏损达到股本总额的 1/3 时

C. 董事人数不足公司章程所定人数的 1/2 时

D. 董事会认为必要时

15. 下列关于各类企业的董事长的产生方式中，说法正确的是（　）。

A. 有限责任公司董事长和副董事长的产生方式由公司章程规定

B. 股份有限公司董事长由董事会全体董事的过半数选举产生

C. 国有独资公司董事长和副董事长由国有资产监督管理机构从董事会成员中指定

D. 中外合资经营企业正副董事长由合营双方协商确定或由董事会选举产生

16. 某股份有限公司董事会由 11 名董事组成，下列情形中，能使董事会决议得以顺利通过的有（　）。

A. 6 名董事出席会议，一致同意　　B. 7 名董事出席会议，5 名同意

C. 6 名董事出席会议，5 名同意　　D. 11 名董事出席会议，7 名同意

17. 下列有关上市公司组织机构的特别规定说法错误的是（　）。

A. 上市公司一年内购买重大资产金额超过公司资产总额的 20%的，应当由股东大会作出决议，并经出席会议的股东所持表决权的 2/3 以上通过

B. 上市公司应当设立独立董事

C. 上市公司应当设立董事会秘书，主要职责在于对控股股东及其选任的上市公司的董事、高级管理人员，以及其与公司进行关联交易等进行监督

D. 董事会会议由过半数的无关联关系董事出席即可举行，董事会会议所作决议须经无关联关系董事过半数通过

18. 根据《关于在上市公司建立独立董事制度的指导意见》的规定，担任独立董事应当符合的基本条件包括（　）。

A. 必须为中国公民

B. 具备担任上市公司董事的资格

C. 具有本《指导意见》中所要求的独立性

D. 具有 3 年以上法律、经济或者其他履行独立董事职责所必需的工作经验

19. 股票按照投资主体性质的不同进行分类可以分为（　）。

A. 普通股　　B. 优先股　　C. 发起人股　　D. 社会公众股

20. 下列关于股份有限公司股票发行的表述中，符合《公司法》规定的是（　）。

A. 公司历次发行股票的价格都必须相同

B. 公司发行的股票面额必须为每股 1 元

C. 公司发行的股票必须为无记名股票

D. 公司股票的发行价格不得低于票面金额

21. 王某为甲有限责任公司的董事长和总经理，甲公司主要经营办公家具销售业务。任职期间，王某代理乙公司从国外进口一批办公家具并将其销售给丙公司。下列有关该行为说法正确的是（　）。

A. 王某的行为违反了公司法律制度的规定

B. 甲公司可以决定将其从事上述行为所得收入收归本公司所有

C. 如果经过董事会同意的，王某可以从事以上的活动

D. 甲公司可以决定撤销王某的行为，但是不能将其取得的收入归入本公司

22. 根据公司法法律制度的有关规定，下列内容中，符合规定的有（　）。

A. 股份有限公司和有限责任公司均具有发行公司债券的主体资格

B. 有限责任公司的法定代表人可以是董事长、执行董事或者经理

C. 经过公司章程的约定，财务负责人可以担任有限责任公司的监事

D. 有限责任公司的董事会成员为 5～19 人

23. 根据规定，单独或者合计持有公司全部股东表决权 10%以上的股东，有一定事由时，公司继续存续会使股东利益受到损失，通过其他途径不能解决，提起解散公司诉讼，人民法院应予以受理。该事由包括（　　）。

A. 公司持续 2 年以上无法召开股东会或者股东大会，公司经营管理发生严重困难的

B. 股东表决时无法达到法定或者公司章程规定的比例，持续 2 年以上不能作出有效的股东会或者股东大会决议，公司经营管理发生严重困难的

C. 经营管理发生严重困难，继续存续会使股东利益受到重大损失

D. 公司董事长期冲突，且无法通过股东会或者股东大会解决，公司经营管理发生严重困难的

三、判断题

1. 设立公司应当申请名称预先核准。预先核准的公司名称在保留期内，不得用于从事经营活动，不得转让。（　　）

2. 甲和乙是亲兄弟，他们共同投资设立 A 有限责任公司和 B 有限责任公司，并分别担任两家公司的董事长。在日常经营中，他们主要以 A 公司的名义对外从事经营活动，接到预付款后又通过 A 公司和 B 公司签订合同的方式，将 A 公司的资金转移到 B 公司的账户上，当 A 公司被债权人追讨时，发现 A 公司账户上根本没有钱。甲应对 A 公司的债务承担连带责任。（　　）

3. 甲、乙、丙三人设立以商品批发为主兼营商业零售的有限责任公司，该公司的法定资本最低限额为 10 万元。（　　）

4. 有限责任公司股东会会议由董事会召集，董事长主持。董事长不履行职责的，由副董事长主持；副董事长不履行职责的，由半数以上董事共同推举一名董事主持。（　　）

5. 有限责任公司监事会设主席 1 人，由全体监事过半数选举产生。（　　）

6. 国有独资公司监事会成员不得少于 5 人，其中职工代表的比例不得低于 1/3，具体比例由公司章程规定。（　　）

7. 股东对外转让出资，其他股东在同等条件下有优先购买权，其他股东自人民法院通知之日起 30 日不行使优先购买权的，视为放弃优先购买权。（　　）

8. 根据我国《公司法》的规定，股份有限公司创立大会作出的决议必须经出席会议的认股人所持表决权的过半数通过。（　　）

9. 股东大会应当对所议事项的决定作成会议记录，主持人、出席会议的股东应当在会议记录上签名。（　　）

10. 股份有限公司的董事会开会时，董事因故不能出席的，可以书面委托他人代为出席。（　　）

11. A 公司是一家上市公司，B 公司和 C 公司均是 A 公司的关联企业。A 公司共有

9名董事，其中董事甲、乙同时是B公司的董事；丙同时是C公司的董事。当A公司讨论为B公司提供担保事项时，全体董事均出席了会议，如果包括甲、乙、丙在内的5名董事反对，该事项不能通过。（ ）

12. 股份有限公司接受本公司的股票作为质押权标的的，必须经股东大会决议。（ ）

13. 记名公司债券的转让，转让人须在债券上背书；而无记名公司债券的转让，转让人交付债券即发生转让的法律效力。（ ）

14. 公司债券可以转让，转让价格由转让人与受让人约定。公司债券在证券交易所上市交易的，按照证券交易所的交易规则转让。（ ）

15. AB两个公司合并成立了C公司，C要求B的债务人D按照规定偿还到期债务，D公司以债权人B已经不存在为由拒绝偿还债务，D的主张不符合法律规定。（ ）

16. 某有限责任公司的住所发生变动时，未按规定办理有关变更登记，公司登记机关责令限期登记，公司逾期没有登记，公司登记机关对该公司处以12万元的罚款。公司登记机关的这一处罚行为是不符合有关规定的。（ ）

四、简答题

1. 中国证监会在对A上市公司（以下简称A公司）进行例行检查中，发现以下事实：

（1）A公司于2004年5月6日由B企业、C企业等6家企业作为发起人共同以发起设立方式成立，2005年8月9日，A公司获准发行社会公众股，并于同年10月10日在证券交易所上市。

（2）2007年3月5日，B企业将所持有的A公司的部分股份转让给了D公司，此项转让未征得其他股东的同意。

（3）2007年4月6日，A公司董事会召开会议，通过了拟发行公司债券的方案和提议召开临时股东大会审议该发行公司债券方案的决议。

（4）2007年4月25日，在临时股东大会上，除审议通过了发行公司债券的决议外，还根据C企业的提议，临时增加了一项增选一名公司董事的议案，以上两项经出席会议的股东所持表决权的过半数通过。

要求：根据以上的材料结合法律规定，回答下列问题，并说明理由：

（1）B企业转让A公司股份的行为是否符合法律规定？

（2）A公司董事会决议是否符合法律规定？

（3）A公司临时股东大会通过发行公司债券的决议和增选一名公司董事的决议是否符合法律规定？

2. A有限责任公司有甲、乙、丙、丁四位股东，没有设立董事会和监事会。股东甲持有40%的股份，担任公司执行董事；股东乙持有30%的股份，担任公司监事；股东丙持有20%的股份；股东丁持有10%的股份。2007年9月1日，股东乙提议召开临时股东会，按照公司章程的规定，审议如下事项：为股东乙担任董事的B公司提供担保。全体股东出席了临时股东会，虽然股东丁反对，但是股东会还是通过了该项决议。为此，股东丁要求公司按照合理的价格收购其股权，退出公司。

要求：根据以上事实，并结合相关法律规定，分别回答下列问题：

(1) 股东乙是否有权提议召开临时股东会？说明理由。

(2) 本题中由股东会对为B公司提供担保作出决议是否符合法律规定？说明理由。

(3) 股东丁要求退出公司是否符合法律规定？说明理由。

3. 甲、乙、丙、丁四个国有企业和戊有限责任公司投资设立股份有限公司，注册资本为8000万元。2006年8月1日，该股份有限公司召开的董事会会议情形如下：

(1) 该公司共有董事7人，有5人亲自出席。列席本次董事会的监事A向会议提交另一名因故不能到会的董事出具的代为行使表决权的委托书，该委托书委托A代为行使本次董事会的表决权。

(2) 董事会会议结束后，所有决议事项均载入会议记录，并由出席董事会会议的全体董事和列席会议的监事签名后存档。

2006年9月1日，公司召开的股东大会作出更换监事的决议，由公司职工代表曹某代替公司职工代表赵某。

要求：根据上述情况和公司法律制度的相关规定，回答下列问题：

(1) 在董事会会议中A能否接受委托代为行使表决权？为什么？

(2) 董事会会议记录是否存在不妥之处？为什么？

(3) 股东大会会议决定更换职工监事是否合法？为什么？

五、综合题

甲公司是一家上市公司，其中乙公司持有55%的股份；丙公司持有15%的股份；丁公司持有10%的股份。截至2005年年底甲公司注册资本为8000万元，经审计的净资产额为12000万元。甲公司董事会由11名董事组成，其中董事A、董事B、董事C同时为乙公司董事；董事D同时为丙公司董事；董事E同时为丁公司董事。

2006年1月20日甲公司召开董事会会议，出席本次董事会会议的董事有包括董事A、董事B、董事C和董事D在内的7名董事。该次会议的召开情况以及讨论的有关问题如下：

(1) 鉴于2003年5月发行的3年期1200万元公司债券即将到期，计划于2006年3月再次发行2000万元公司债券。

(2) 2005年12月公司总经理张某因犯贪污罪被刑事拘留，董事A提议由王某接替总经理职务，并对变更总经理暂时不予公告。在会议就此事表决时，董事D、董事E明确表示异议并记载于会议记录，但该提议最终仍由出席本次董事会会议的其他5名董事表决通过。

(3) 董事会审议并一致通过了吸收合并丁公司的决议。决议要点包括：

①自作出合并决议之日起30日内通知有关债权人，并于45日内在报纸上公告；

②自公告之日起90日后向登记机关办理变更登记；

③丁公司原持有的10%的甲公司股份应当在1年内转让或者注销；

④丁公司原有的债权和债务均由甲公司承继。

问题：

（1）甲公司发行公司债券的计划是否合法？说明理由。

（2）甲公司董事会通过的变更总经理的决议是否合法？说明理由。

（3）甲公司董事会通过的吸收合并丁公司的决议是否合法？逐点说明理由。

练习三

一、单项选择题

1. 下列有关合伙企业的说法正确的是（　　）。

A. 采用合伙制的律师事务所不适用《合伙企业法》的规定

B. 合伙企业的合伙人只能够是自然人

C. 外国个人在中国设立合伙企业的管理办法遵循《合伙企业法》的规定

D. 合伙协议依法由全体合伙人协商一致、以书面形式签订

2. 在2008年12月12日申请人向登记机关申请普通合伙企业登记，当日登记机关受理申请，在2008年12月31日签发了营业执照，那么合伙人可以自（　　）开始以合伙企业名义从事合伙业务。

A. 2008年12月12日　　B. 2008年12月31日

C. 2008年12月27日　　D. 2009年1月1日

3. 除合伙协议另有约定外，下列事项中可以不必经合伙企业全体合伙人一致同意的是（　　）。

A. 向企业登记机关申请办理变更合伙企业的经营范围

B. 以合伙企业名义为他人提供担保

C. 普通合伙人向合伙企业以外的人转让合伙企业中的财产份额

D. 合伙人以房屋等不动产进行出资

4. 下列有关普通合伙企业合伙事务执行的表术中，符合《合伙企业法》规定的是（　　）。

A. 合伙人执行合伙企业事务享有同等的权利

B. 合伙人可以自营与合伙企业相竞争的业务

C. 不执行合伙企业事务的合伙人无权查阅合伙企业会计账簿

D. 聘用非合伙人担任经营管理人员的，其在被聘用期间具有合伙人资格

5. 下列对普通合伙企业的经营管理人员的说法正确的是（　　）。

A. 合伙企业的经营管理人员必须是合伙人

B. 除合伙协议约定以外，全体合伙人一致同意可以聘任合伙人以外的人员担任经营管理人员

C. 被聘任的经营管理人员具有合伙人的资格

D. 非合伙人的管理人对合伙企业的债务承担无限连带责任

6. 普通合伙企业的协议未约定利润分配和亏损分担比例，如果协商不成且无法确

定出资比例的，其利润分配和亏损分担的原则是（　　）。

A. 由各合伙人平均分配利润和分担亏损

B. 按各合伙人实际出资比例分配利润和分担亏损

C. 按各合伙人对合伙企业的贡献大小分配利润和分担亏损

D. 申请人民法院裁定利润分配和亏损分担比例

7. 张三、李四和赵五同为甲合伙企业的合伙人。张三欠王六人民币 30 万元，无力用个人财产清偿。王六在不满足于用张三从甲合伙企业分得的收益偿还其债务的情况下，还可以（　　）。

A. 代位行使张三在甲合伙企业的权利

B. 依法请求人民法院强制执行张三在甲合伙企业的财产份额用于清偿

C. 自行接管张三在甲合伙企业的财产份额

D. 直接变卖张三在甲合伙企业的财产份额用于清偿

8. 根据《合伙企业法》的规定，下列各项中，属于合伙人当然退伙的情形是（　　）。

A. 合伙人在执行合伙企业事务中有侵占合伙企业财产的行为

B. 合伙人未履行出资义务

C. 合伙人被法院强制执行其在合伙企业中的全部财产份额

D. 合伙人因重大过失给合伙企业造成损失

9. 2008 年 3 月，刘、关、张三人分别出资 2 万元、2 万元、1 万元设立甲普通合伙企业，并约定按出资比例分配和分担损益。8 月，甲合伙企业为乙企业的借款提供担保；12 月，因乙企业无偿债能力，甲合伙企业承担保证责任，为乙企业支付 1 万元。12 月底，刘提出退伙要求，关、张同意，经结算，甲合伙企业净资产 3 万元。根据《合伙企业法》的规定，应退还刘的财产数额是（　　）。

A. 2 万元　　　　B. 1.2 万元　　　　C. 1 万元　　　　D. 0.8 万元

10. 甲、乙、丙共同出资设立了 A 特殊的普通合伙企业，约定甲、乙、丙共同执业。在甲执业过程中，下列（　　）说法是正确的。

A. 甲因重大过失给 A 企业带来的债务，应当和乙、丙一起承担无限连带责任

B. 甲主观上没有过错的话，给 A 企业带来的债务，甲就不必承担责任

C. 甲因故意给 A 企业带来的债务，应当由甲一人承担全部责任

D. 甲因轻微的过失给 A 企业带来的债务，应当由全体合伙人承担无限连带责任

11. 某有限合伙企业的有限合伙人王某，以普通合伙人的身份与甲公司进行交易，甲公司有理由相信其为普通合伙人。根据规定，下列说法正确的是（　　）。

A. 甲公司自行承担责任

B. 合伙企业不承担责任

C. 王某以其对合伙企业的出资额对该笔交易承担有限责任

D. 王某针对该笔交易承担与普通合伙人同样的责任

二、多项选择题

1. 根据个人独资企业法律制度的规定，下列关于个人独资企业法律特征的表述中，正确的有（　　）。

A. 个人独资企业虽然不具有法人资格，但具有独立承担民事责任的能力

B. 个人独资企业是由一个自然人投资的企业，并且自然人只能是中国公民

C. 个人独资企业的投资人对企业的债务承担无限责任

D. 个人独资企业是独立的民事主体，可以自己的名义从事民事活动

2. 根据《个人独资企业法》的规定，下列各项中，属于设立个人独资企业应当具备的条件的有（　　）。

A. 投资人须为具有完全民事行为能力的自然人

B. 有符合规定的法定最低注册资本

C. 有企业章程

D. 有固定的生产经营场所和必要的生产经营条件

3. 万某因出国留学将自己的个人独资企业委托陈某管理，并授权陈某在5万元以内的开支和50万元以内的交易可自行决定。假设第三人对此授权不知情，则陈某在受托期间实施的下列行为中，属于法律禁止或无效的是（　　）。

A. 未经万某同意与某公司签订交易额为100万元的合同

B. 未经万某同意将自己的房屋以1万元出售给本企业

C. 未经万某同意向某电视台支付广告费8万元

D. 未经万某同意将企业的商标有偿转让

4. 个人独资企业聘用的经营管理人员，未经投资人同意，不得从事的行为有（　　）。

A. 从事与本企业相竞争的业务　　　　B. 同本企业订立合同或者进行交易

C. 将企业专利权转让给他人使用　　　D. 将企业商标权转让给他人使用

5. 根据《个人独资企业法》的规定，下列各项中，属于个人独资企业应当解散的情形有（　　）。

A. 投资人死亡，继承人决定继承　　　B. 投资人决定解散

C. 投资人被宣告死亡，无继承人　　　D. 被依法吊销营业执照

6. 甲、乙、丙三人于2008年10月投资设立A普通合伙企业，11月1日甲在与B公司的借款合同中约定，以其在合伙企业中的财产份额出质，但甲未将此事通知合伙人乙和丙。根据我国《合伙企业法》的规定，下列各项中，正确的是（　　）。

A. 甲的出质行为无效

B. 甲的出质行为有效

C. 由此给善意第三人造成损失的，由甲承担赔偿责任

D. 甲的出质行为需要经过乙和丙的一致同意

7. 甲、乙、丙三人共同投资设立一合伙企业，合伙企业在存续期间，甲擅自以合伙企业的名义与丁公司签订了代销合同。乙和丙获知后，认为该合同不符合合伙企业

利益，即向丁公司表示对该合同不予承认，因为该合伙企业内部规定，任何合伙人不得单独与第三人签订代销合同。对此，下列说法正确的有（　　）。

A. 如果丁公司不知道该合伙企业的内部规定，该合同无效

B. 如果丁公司不知道该合伙企业的内部规定，该合同有效

C. 如果丁公司知道该合伙企业的内部规定，该合伙企业应承担因不执行合同给丁公司造成的损失

D. 如果丁公司知道该合伙企业的内部规定，该合伙企业不应承担因不执行合同给丁公司造成的损失

8. 甲欲加入乙、丙的普通合伙企业。以下各项要求中，（　　）是甲入伙时满足的条件。

A. 除合伙协议另有约定外，乙、丙应一致同意，并与甲签订书面的入伙协议

B. 乙、丙向甲告知合伙企业的经营状况和财务状况

C. 甲应向乙、丙说明自己的个人负债情况

D. 甲对入伙前的该合伙企业的债务不承担连带责任

9. 下列关于有限合伙企业设立的论述中，不符合法律规定的有（　　）。

A. 有限合伙企业合伙人人数没有限制

B. 有限合伙企业仅剩普通合伙人的，应当转变为普通合伙企业

C. 有限合伙人甲可以以劳务出资

D. 有限合伙企业名称中应该标明“有限”或是“有限公司”等字样

10. 根据合伙企业法规定，有限合伙人的下列行为中，不视为执行合伙事务的有（　　）。

A. 对外代表合伙企业签订价款合同

B. 对企业的经营管理提出建议

C. 依法为本企业提供担保

D. 参与选择承办有限合伙企业审计业务的会计师事务所

11. 有限合伙人实施的下列行为中，不视为执行合伙企业事务的是（　　）。

A. 参与决定普通合伙人入伙、退伙

B. 获取经审计的有限合伙企业财务会计报告

C. 依法为本企业提供担保

D. 对企业的经营管理提出建议

12. 下列各项内容中，符合有限合伙人退伙规定的有（　　）。

A. 作为有限合伙人的自然人在合伙期间丧失民事行为能力的，属于当然退伙

B. 若有限合伙人自然死亡，其继承人可以依法取得该有限合伙人在有限合伙企业中的资格

C. 有限合伙人退伙后，对其退伙前合伙企业发生的债务，以其退伙时取回的财产承担责任

D. 作为有限合伙人的法人依法被吊销营业执照的，当然退伙

13. 根据合伙企业的有关规定，下列有关合伙企业的解散和清算说法正确的是（　）。

A. 合伙企业解散，清算人一般由全体合伙人担任

B. 清算人自被确定之日起10日内将合伙企业解散事项通知债权人，并于60日内在报纸上公告

C. 合伙人已不具备法定人数满30天的，合伙企业应当解散

D. 自合伙企业解散事由出现之日起15日内未确定清算人的，合伙人或者其他利害关系人可以申请人民法院指定清算人

三、判断题

1. 由于个人独资企业是由自然人出资设立的，因此个人独资企业其实就是个体工商户。（　　）

2. 甲、乙、丙三人共同投资设立一合伙企业，合伙企业在存续期间，甲擅自以合伙企业的名义与善意第三人丁公司签订了代销合同。乙合伙人获知后，认为该合同不符合合伙企业利益，经与丙商议后，即向丁公司表示对该合同不予承认，因为该合伙企业规定任何合伙人不得单独与第三人签订代销合同，所以该代销合同无效。（　）

3. 某个人独资企业投资人聘用甲管理企业事务，在个人独资企业经营中，甲有权决定将该企业的商标有偿转让给他人使用。（　）

4. 甲、乙、丙三人设立一家普通合伙企业，后甲将其在合伙企业中的全部财产份额转让给乙，仅仅通知了丙，但是没有征得丙的同意，那么甲、乙之间的财产份额转让不符合合伙企业法的规定。（　　）

5. 甲、乙等6人设立了一普通合伙企业，并委托甲和乙执行合伙企业事务，甲对乙执行的事务提出异议，其他合伙人对如何解决此问题也产生了争议，由于合伙协议未约定争议解决的表决办法，合伙人实行了一人一票的表决办法，后经全体合伙人过半数表决通过了同意甲意见的决定。上述解决争议的做法不符合法律规定。（　）

6. 某普通合伙企业由于经营不善，无力偿还对外所欠的应付货款，其债权人可以直接要求该合伙企业的任何一个合伙人清偿债务。（　　）

7. 某有限合伙企业拟聘请B会计师事务所为其年度会计报告审计，有限合伙人A可以参与对会计师事务所的选择，并获取经审计的有限合伙企业财务会计报告。（　）

8. 普通合伙人和有限合伙人都可以将其在有限合伙企业中的财产份额出质；但是，合伙协议另有约定的除外。（　）

9. 有限合同人转变为普通合伙人的，对其作为有限合伙人有限合伙企业发生的债务，以其认缴的出资额 为限承担责任。（　）

四、简答题

1. 甲、乙、丙共同投资设立一普通合伙企业。合伙协议约定：甲以人民币5万元出资，乙以房屋作价人民币8万元出资，丙以劳务作价人民币4万元出资；各合伙人按相同比例分配赢利、分担亏损。合伙企业成立后，为扩大经营，向银行贷款人民币5

万元，期限为1年。甲提出退伙，鉴于当时合伙企业赢利，乙、丙表示同意。于是，甲办理了退伙结算手续。此后丁入伙。丁入伙后，因经营环境变化，企业发生严重亏损。乙、丙、丁决定解散合伙企业，并将合伙企业现有财产价值人民币3万元予以分配，但对未到期的银行贷款未予清偿。在银行贷款到期后，银行要求合伙企业清偿债务，发现该企业已经解散，遂向甲要求偿还全部贷款，甲称自己早已退伙，不负责清偿债务。银行向丁要求偿还全部贷款，丁称该笔贷款是在自己入伙前发生的，不负责清偿。银行向乙要求偿还全部贷款，乙表示只按照合伙协议约定的比例清偿相应数额。银行向丙要求偿还全部贷款，丙则表示自己是以劳务出资的，不承担偿还贷款义务。

要求：根据以上事实及有关规定，回答下列问题：

(1) 甲、乙、丙、丁各自的主张能否成立？并说明理由。

(2) 合伙企业所欠银行贷款应如何清偿？

(3) 在银行贷款清偿后，甲、乙、丙、丁内部之间应如何分担清偿责任？

2. 注册会计师甲、乙、丙投资设立A会计师事务所，该会计师事务所的形式为特殊的普通合伙企业，提供审计鉴证业务和验资业务。在2008年的审计业务中，发生了下列事项：

(1) 甲在对B上市公司的年度会计报告进行审计过程中，因重大过失遗漏了一笔销售收入，经人民法院判决由该事务所向B上市公司的相关股东承担赔偿责任，甲认为自己并非故意造成的损失，该赔偿责任应该由全体合伙人共同承担连带责任。

(2) 乙在对C公司设立过程的验资服务中，因疏忽大意而出具了证明不实的验资报告，该报告直接给C公司的债权人造成了一定的经济损失，经人民法院认定，乙的疏忽大意并不属于重大过失。

根据以上资料，回答下列问题。

(1) 甲的说法是否正确？并说明理由。

(2) 对于乙造成的损失，合伙企业的合伙人应该按照何种方式来承担责任？并说明理由。

五、综合题

甲自然人、乙自然人和丙公司共同投资设立A有限合伙企业（以下简称“A企业”），在各方协商一致的合伙协议中约定：甲出资5万元的货币，乙以作价8万元的实物出资，丙公司以劳务作价10万元出资；甲和乙为普通合伙人，丙为有限合伙人；甲和乙共同执行A企业的合伙事务，并对合伙企业债务承担无限连带责任；丙公司不执行A企业的合伙事务，仅以其认缴的出资额为限对合伙企业债务承担责任。

丙公司在本公司生产经营活动中，因急需一批机械配件，经甲和乙同意并持A企业的授权委托书，以A企业普通合伙人的身份与B公司签订购买钢材的合同。B公司按约向A企业交货后，A企业即组织人员加班加点为丙公司加工成其急需的机械配件，并将该机械配件销售给丙公司。丙公司为支付A企业的购货款，未经甲和乙的同意，以其在A企业中的财产份额出质，与C银行签订借款合同，取得8万元的借款支付了

A 企业的购货款。后由于丙公司生产的机械设备技术老化而销售不畅，积压在库，无力偿还银行贷款。经协商，丙公司将其在 A 企业的财产份额全部转让给了 D 公司，D 公司成为 A 企业的有限合伙人。

经查：A 企业的合伙协议中，无限制或禁止有限合伙人与本企业进行交易的约定，也没有有限合伙人将其在合伙企业中财产份额出质的相关约定。

要求：根据以上事实及有关规定，回答下列问题：

(1) A 企业合伙人的出资方式是否符合《合伙企业法》的规定？并说明理由。

(2) 有关 A 企业合伙事务执行的约定是否符合《合伙企业法》的规定？并说明理由。

(3) A 企业与 B 公司的交易行为，丙公司应承担什么样的责任？为什么？

(4) 丙公司将其在 A 企业中的财产份额出质的行为是否符合《合伙企业法》的规定？并说明理由。

(5) 丙公司与 A 企业的交易行为是否符合《合伙企业法》的规定？并说明理由。

(6) 丙公司和 D 公司对在其退伙前和入伙后 A 企业的债务各应如何承担责任？并说明理由。

练习四

一、单项选择题

1. 下列属于禁止类外商投资项目的是（　　）。

A. 技术水平落后的　　B. 运用我国特有工艺或技术生产产品的

C. 属于国家逐步开放的产业的　　D. 不利于节约资源或改善生态环境的

2. A外国投资者协议购买B境内企业的资产，并以该资产投资设立C外商投资企业。对于B境内企业被并购前既有的债权债务，应由（　　）享有和承担。

A. A继承　　B. B承担

C. C承担　　D. 以上任何一方承担

3. 某外国投资者并购境内企业设立外商投资企业，企业在2008年3月15日取得营业执照，该企业的注册资本为2000万美元，其中外国投资者以现金出资480万美元。下列有关该外国投资者出资期限的表述中，下列符合外国投资者并购境内企业有关规定的是（　　）。

A. 外国投资者在2008年5月25日缴清出资

B. 外国投资者在2008年9月25日缴清出资

C. 外国投资者在2008年12月25日缴清出资

D. 外国投资者在2009年3月15日缴清出资

4. 某外商投资企业的外国投资者，以收购国内某家企业资产的方式作为其出资，收购价款为180万美元。2007年1月10日该外商投资企业营业执照颁发，到4月1日外国投资者已支付30万美元，经审批机关批准可延长支付，则该外国投资者在2007年7月10日以前至少还应支付（　　）美元。

A. 30万　　B. 55万　　C. 78万　　D. 150万

5. 外国合营者的下列出资方式中，符合中外合资经营企业法律制度规定的是（　　）。

A. 以人民币缴付出资

B. 以美元缴付出资

C. 以劳务作价出资

D. 以已设立担保物权的机器设备作价出资

6. 下列关于合营企业组织机构的说法正确的是（　　）。

A. 中外合资经营企业增加注册资本的决议，必须经出席董事会会议的董事一致通过

B. 中外合资经营企业的最高权力机构为股东会，执行机构为董事会，监督机构为

监事会

C. 中外合资经营企业董事会会议应有过半数董事出席方能举行

D. 中外合资经营企业董事会董事的任期不得超过4年

7. 某中外合作经营企业合作合同规定：外方合作者以现金和机器设备出资，占总出资额的60%，中方合作者以厂房和土地使用权出资，占总出资额的40%；合作企业合作期内所得收益首先全部用于偿付外方出资，在外方出资偿付完毕后的合作期限内，合作双方各按50%比例分配收益；合作企业合作期限为8年，合作期满后，企业全部固定资产无偿归中方合作者所有。下列各项中正确的是（　　）。

A. 合作合同违反法律规定，为无效合同

B. 合作合同显失公平，应变更为在合作期限内按双方出资比例分配收益

C. 合作合同合法有效，合作企业可以登记为具有法人资格的有限责任公司

D. 合作合同合法有效，合作企业必须登记为具有合伙性质的企业

8. 根据中外合作经营企业法律制度的规定，下列有关中外合作经营企业组织形式和组织机构的表述中，正确的是（　　）。

A. 合作企业的组织形式均为有限责任公司

B. 合作企业均应设联合管理委员会

C. 合作企业的董事长由主管部门任命

D. 合作企业总经理负责企业日常经营管理工作

9. 外资企业的下列事项中，须经审批机关审批，但不需工商行政管理机关备案的是（　　）。

A. 减少注册资本　　B. 资产抵押

C. 转让商标权　　D. 有正当理由要求延期出资

10. 根据《外资企业法实施细则》规定，外资企业的外国投资者可以分期缴付出资，注册资本为350万美元的，缴清最后一期出资的期限为（　　）。

A. 自营业执照签发之日起3个月内　　B. 自营业执照签发之日起6个月内

C. 自营业执照签发之日起1年内　　D. 自营业执照签发之日起3年内

11. 某外资企业因为企业经营管理不善导致严重亏损，2008年12月10日外国投资者决定解散企业，在2008年12月15日外资企业提交了终止申请书，在2008年12月28日审批机关核准该企业终止，2008年12月29日外国投资者收到核准书。那么该企业终止的日期是（　　）。

A. 2008年12月10日　　B. 2008年12月15日

C. 2008年12月28日　　D. 2008年12月29日

12. 下列有关中外合资经营企业与中外合作经营企业共同特点的表述中，符合外商投资企业法律制度规定的是（　　）。

A. 二者的中外投资者均可以是公司、企业、其他经济组织或者个人

B. 二者的中外投资者均以其投资额为限对企业的债务承担有限责任

C. 二者的注册资本均为在工商行政管理机关登记的中外投资各方认缴的出资额之和

D. 二者均由中外投资各方共同投资、共同经营、按各自的出资比例共担风险、共负盈亏

二、多项选择题

1. 某外国投资者拟并购境内某企业并取得实际控制权，下列情形中，应当向商务部进行申报的有（　　）。

A. 涉及重点行业

B. 存在影响或可能影响国家经济安全因素

C. 安置方案不能满足职工要求

D. 导致拥有驰名商标或中华老字号的境内企业实际控制权转移

2. 根据外国投资者并购境内企业的有关规定，外国投资者采取股权并购方式设立外商投资企业的，并购后所设外商投资企业的注册资本与投资总额的下列约定中，符合规定的有（　　）。

A. 注册资本 150 万美元，投资总额 200 万美元

B. 注册资本 300 万美元，投资总额 620 万美元

C. 注册资本 700 万美元，投资总额 1500 万美元

D. 注册资本 1500 万美元，投资总额 3900 万美元

3. 法国甲企业并购境内乙国有独资公司 60％的股权，将其变更为外商投资企业，股权支付价款为 120 万元，2008 年 1 月 1 日取得了外商投资企业营业执照。下列有关该并购行为的表述中，正确的是（　　）。

A. 甲企业的该项并购属于股权并购

B. 如果合同约定一次支付的，那么甲企业应在 2008 年 4 月 1 日前向乙企业的股东支付全部收购价款

C. 如果合同约定分期支付的，那么甲企业应在 2008 年 7 月 1 日前至少支付 72 万元

D. 如果合同约定分期支付的，甲企业付清全部价款的最后期限截至 2009 年 1 月 1 日

4. 根据外国投资者并购境内企业的有关规定，下列各项中，境外并购的并购方应当在对外公布并购方案之前或者报所在国主管机构的同时，向商务部和国家工商行政管理总局报送并购方案的是（　　）。

A. 境外并购一方当事人在我国境内拥有资产为 20 亿元人民币

B. 境外并购一方当事人当年在中国市场上的营业额为 20 亿元人民币

C. 境外并购一方当事人及与其有关联关系的企业在中国的市场占有率已经达到 15％

D. 由于境外并购，境外并购一方当事人及与其有关联关系的企业在中国的市场占有率达到 30％

5. 外国合营者以工业产权或者专有技术作价出资的，该工业产权或专有技术必须符合的条件为（　　）。

A. 合营企业生产所必需的

B. 能显著改进现有产品的性能，提高生产效率的

C. 能显著节约原材料的

D. 能显著节约动力的

6. 外国甲公司收购中国境内乙公司部分资产，价款为100万美元，并以该资产作为出资与丙公司于2008年4月1日成立了一家中外合资经营企业。甲公司支付乙公司购买金的下列方式中，不符合中外合资经营企业法律制度规定的有（　　）。

A. 2008年6月30日一次支付100万美元

B. 2008年6月30日支付50万美元，2009年3月30日支付50万美元

C. 2008年9月30日支付80万美元，2009年6月30日支付20万美元

D. 2009年3月30日一次支付100万美元

7. 根据中外合资经营企业法律制度的规定，下列选项中，属于中外合资经营企业合营一方转让出资额必须符合的条件有（　　）。

A. 通知合营各方　　B. 经合营各方同意

C. 经董事会会议通过　　D. 经原审批机构批准

8. 根据中外合资经营企业法律制度的规定，中外合资经营企业的下列事项中，必须经审批机构批准的有（　　）。

A. 利润分配　　B. 减少注册资本

C. 聘请企业总经理　　D. 合营一方向第三者转让出资

9. 根据外商投资企业法律制度的规定，中外合作经营企业发生的下列事项中，应由董事会（或者联合管理委员会）出席会议的董事（或者委员）一致通过的有（　　）

A. 企业章程的修改　　B. 资产抵押

C. 注册资本的增减　　D. 企业的合并

10. 根据《中外合作经营企业法》的规定，在一定的条件下，外国合作者在合作期限内可以先行回收投资，该条件是（　　）。

A. 合作期满时，合作企业的全部固定资产无偿归中国合作者所有

B. 应当具体说明先行回收投资的总额、期限和方式，报审批机关批准

C. 税前回收投资的，必须经过财政税务机关依法审查批准

D. 应当在合作企业的亏损弥补之后，才能先行回收投资

三、判断题

1. 中外合资经营企业的中国合营者可以场地使用权作为合营企业经营期间的出资，其作价金额应该与取得同类场地使用权所应缴纳的使用费相同。（　　）

2. 中外合资经营企业一方欲向合营方转让其全部或部分出资时，如合营他方不同意，则欲转让出资方可以向合营各方以外的第三方转让出资。（　　）

3. 中外合作经营企业委托第三人经营管理的，必须经董事会一致同意，并报审批机关批准，向工商行政管理机关办理变更登记手续。（　）

4. 中外合作者选择以有限责任公司形式设立中外合作经营企业的，企业在分配利润的时候按合作合同约定的比例进行了分配。这违反了法律规定。（　）

5. 外资企业的外国投资者以工业产权、专有技术作价出资的，该工业产权、专有技术的作价金额不得超过外资企业注册资本的25%。（　）

6. 外资企业的组织形式只能是有限责任公司。（　）

7. 根据外商投资企业法律制度的规定，中外合资经营企业董事任期不得少于4年，而中外合作经营企业董事的每届任期固定为3年，均可以连任。（　）

四、简答题

1. 国内某商贸集团公司与韩国某投资公司拟合资兴建一座大型游乐场。双方在原先草签的协议基础上签订了正式的合同。合同主要内容有：投资总额400万美元，其中注册资本为200万美元。注册资本中，中方拟出资160万美元，韩方拟出资40万美元。注册资金分期缴纳，第一期中方缴纳30万美元，韩方缴纳5万美元，双方均应该在营业执照签发之日6个月内缴清。

合营企业设立董事会，董事会成员为5人，合营各方协商确定，董事长和副董事长均由中方人员担任。另外，合营企业合同没有约定合营期限。

根据以上事实，分析说明以下问题，并说明理由。

(1) 韩方在注册资本中的比例是否符合规定？

(2) 注册资本在投资总额中的比例是否符合规定？

(3) 韩方第一次出资的比例是否符合规定？

(4) 董事长和副董事长的任命是否符合规定？

(5) 合营合同没有约定经营期限是否符合规定？

2. 中方甲公司与外方乙公司拟共同出资设立中外合资经营企业（以下简称合营企业），协议规定：

(1) 合营各方投资总额900万美元，成立合资企业的注册资本为400万美元。公司注册资本中，外方投入60万美元。

(2) 合营中方，外方分期出资。第一期出资，自营业执照颁发之日起6个月内交清，外方的最后一期出资，自营业执照签发之日起4年内缴清。

(3) 合营企业设立董事会，不设股东会，董事每届任期四年。

以上协议未能通过政府有关部门的审批，并要求予以改正，改正后方能设立合营企业。合营企业设立后，出现了以下问题：

①外方合营者未经中方合营者同意，决定将自己持有合营企业的出资转让给丙方。

②该公司共有7名董事，经董事长和A董事提议，召开临时董事会，出席会议的董事共4人（含董事长）。会上一致同意修改合营企业的章程。

要求：根据以上资料及有关规定，分析回答以下问题：

(1) 合营企业协议中有哪些内容不符合法律规定?

(2) 外方合营者转让出资的方式是否符合法律规定? 并说明理由。

(3) 董事会的临时会议召开和决议是否合法? 并说明理由。

3. 外国甲公司和中国乙公司共同投资设立了一家合营企业,合营企业设立后,出现了以下问题:

(1) 外方合营者未经中方合营者同意,决定将自己持有合营企业的部分股份转让给丙公司。中方得知后,表示反对。

(2) 中方认为合营企业应设总会计师,但外方投资者不同意。

(3) 该公司共有7名董事,经外方A董事提议,召开临时董事会,出席会议的董事有4名。董事会上外方投资者提出将合营企业变更为中外合作经营企业的方案,方案要点是:变更后外方合作者在前4年先行收回投资,每年固定收回投资12万美元;该部分支出列入合作企业的每年生产成本。并规定合作期满后,合作企业的固定资产归中方所有,但中方合作者要给予外方合作者15万元的残值补偿。

要求:根据以上材料并结合法律规定,回答下列问题并说明理由:

(1) 外方合营者向丙公司转让股份的行为是否符合法律规定?

(2) 外方投资者不同意设总会计师的观点是否符合法律规定?

(3) 董事会的召开是否符合法律规定?

(4) 外方投资者提出的变更为中外合作经营企业的方案是否合法?

五、综合题

上海某仪表厂(以下简称中方)拟与韩国某实业公司(以下简称外方)共同组建合资企业,双方达成以下协议:

(1) 合资企业投资总额为380万美元,注册资本拟为200万美元,其中外方出资102万美元,占总股本的51%,中方出资98万美元,占总股本的49%。

(2) 从合资企业营业执照签发之日起,合营双方分别分两期缴付出资,其中:中方第一次出资为固定资产和土地使用权,折合为70万美元,在3个月内缴付,第二次出资为货币,为28万美元,在6个月内缴付;外方第一次出资为货币,为12万美元,在3个月内缴付,第二次出资为机器设备,折合为90万美元,在6个月内缴付。

(3) 合营的经营期限为20年。外方在税前先行回收投资,并约定合营期限届满,企业全部固定资产无偿归中方所有。

(4) 丙公司的组织形式为有限责任公司,拟以股东会为公司的最高权力机构、董事会为公司的执行机构、监事会为公司的监督机构;董事会成员为5人,任期3年;其中,乙公司委派3名董事并担任董事长和副董事长。

要求:根据上述事实及有关规定,分别回答以下问题:

(1) 在合资企业投资总额和股权比例不变的前提下,注册资本数额是否符合法律规定?按最低注册资本要求,双方出资应作何调整?

（2）合营各方分期缴付出资的安排是否符合规定？并说明理由。

（3）约定外方先行回收投资的方式是否符合规定？并说明理由。

（4）该公司的组织形式是否符合规定？并说明理由。

（5）该公司的组织机构是否符合规定？并说明理由。

（6）该公司的董事的人数、任期、任职是否符合规定？并说明理由。

练习五

一、单项选择题

1. 下列各项合同中，属于《合同法》调整的合同是（　）。

A. 监护协议　　B. 融资租赁合同

C. 收养合同　　D. 国家机关与劳动者之间的劳动合同

2. 根据《中华人民共和国合同法》的规定，当事人对合同价款约定不明确，不能达成补充协议的，也不能按合同有关条款或者交易习惯确定，又没有政府定价或指导价可供参照时，合同价款的确定规则为（　）。

A. 按照订立合同时履行地的市场价格履行

B. 按照履行合同时履行地的市场价格履行

C. 按照纠纷发生时履行地的市场价格履行

D. 按照订立合同时订立地的市场价格履行

3. 关于担保法律制度，下列表述正确的是（　）。

A. 债务人亲自向原担保人提供反担保的，可以采用保证、抵押、质押作为反担保方式

B. 连带责任保证的债权人应当将债务人和保证人作为共同被告提起诉讼

C. 董事、高级管理人员违反公司章程的规定，未经股东会、股东大会或者董事会同意，以公司财产为他人提供担保的，担保合同可撤销

D. 从事经营活动的事业单位、社会团体为保证人的，如无其他导致保证合同无效的情况，其所签订的保证合同应当认定为有效

4. 甲企业与乙企业签订买卖机床的合同，价格总额为100万元，由A企业为甲企业的付款提供保证，在合同履行过程中，由于该型号机床的市场价格发生较大变动，乙企业与甲企业协议将该合同的价格总额变更为120万元，甲企业同意，但是该变更未经A企业同意。根据规定，下列说法中，正确的是（　）。

A. A企业不再承担任何担保责任

B. A企业仍应对100万元的债务承担保证责任

C. A企业应对120万元的债务承担保证责任

D. A企业应对110万元的债务承担保证责任

5. 甲与乙签订了一份借款合同，甲为借款人，借款数额为30万元。甲以自有的一部价值10万元的汽车作为抵押担保，甲又请求丙为该借款合同提供保证担保。合同到期后，甲无力偿还。如果两项担保对担保责任约定不明确，下列说法正确的是（　）。

A. 乙应当先要求甲以抵押承担保证责任

B. 乙应当先要求丙以保证承担保证责任

C. 乙即可以先要求甲承担保证责任，也可以先要求丙承担保证责任

D. 因为没有约定，丙不承担保证责任

6. 根据《担保法》的规定，保证人与债权人未约定保证期间的，保证期间为（　　）。

A. 主债务履行期届满之日起 3 个月　　B. 主债务履行期届满之日起 6 个月

C. 主债务履行期届满之日起 1 年　　D. 主债务履行期届满之日起 2 年

7. A 公司与 B 银行就借款事宜达成协议签订了一份书面借款合同，后又以 A 公司的一幢房屋作为抵押签订了抵押合同并依法办理了登记。该抵押权的生效日为（　　）。

A. 签订借款合同之日　　B. 签订抵押合同之日

C. 取得借款之日　　D. 抵押登记之日

8. 根据有关规定，以本票、债券出质的，质权自（　　）设立。

A. 办理出质登记之日起　　B. 权利凭证交付之日起

C. 质押合同签订之日起　　D. 主合同签订之日起

9. 债权人和债务人应当在合同中约定，债权人留置财产后，债务人应当在（　　）的期限内履行债务。

A. 2 个月　　B. 2 年　　C. 1 年　　D. 5 年

10. 定金是合同担保的一种方式，定金的数额由当事人约定，但法律对其作了限制规定，即不得超过合同标的额的一定比例。下列各项中，符合法律规定的比例是（　　）。

A. 10%　　B. 15%　　C. 18%　　D. 20%

11. 合同当事人约定的违约金过分高于造成的损失的，当事人可以请求人民法院或者仲裁机构予以适当减少。违约金超过损失的（　　），可以认为是“过分高于”。

A. 10%　　B. 20%　　C. 30%　　D. 50%

12. 甲乙订立买卖合同约定：甲向乙交付 200 吨铜材，货款为 200 万元；乙向甲支付定金 20 万元；如任何一方不履行合同应支付违约金 30 万元。甲因将铜材卖给丙而无法向乙交货。在乙向法院起诉时，既能最大限度保护自己的利益，又能获得法院支持的诉讼请求是（　　）。

A. 请求甲双倍返还定金 40 万元

B. 请求甲支付违约金 30 万元

C. 请求甲支付违约金 30 万元，同时请求甲双倍返还定金 40 万元

D. 请求甲支付违约金 30 万元，同时请求返还定金 20 万元

13. 根据《中华人民共和国合同法》的规定，在买卖合同中，除法律另有规定或当事人另有约定外，标的物的所有权转移时间为（　　）。

A. 买卖合同成立时　　B. 买卖合同生效时

C. 标的物交付时　　D. 买方付清标的物价款时

14. 老张因身体不便将自己的一辆自行车赠与邻居的中学生小李，让小李上学使

用，但要求小李今后回家途中给其捎带一些生活必需品，小李同意。第二天小李上学路上因自行车刹车不灵造成摔伤。下列选项中，表述正确的是（ ）。

A. 对此老张不负责任　　B. 老张应负全部责任

C. 老张应负部分责任　　D. 此事造成赠与合同无效

15. 根据《合同法》的规定，借款人提前偿还贷款的，除当事人另有约定外，计算利息的方法是（ ）。

A. 按照借款合同约定的期间计算

B. 按照借款合同约定的期间计算，实际借款期间小于1年的，按1年计算

C. 按照实际借款的期间计算

D. 按照实际借款的期间计算，但是借款人应当承担相应的违约责任

16. 根据《合同法》的规定，租赁合同的租赁期限在（ ）以上的，合同必须采用书面形式。

A. 3个月　　B. 6个月　　C. 1年　　D. 2年

17. 甲乙双方签订一份合同。该合同的要点为：①甲方按照乙方指定的型号和技术要求向指定的丙购一套设备；②乙方按期支付租金；③租赁期满，设备所有权仍归甲方所有。按照我国合同法有关规定，该合同属于（ ）。

A. 租赁合同　　B. 融资租赁合同　　C. 买卖合同　　D. 居间合同

18. 某商店与某运输公司签订了一份运输合同，由运输公司将一批建筑材料从河北运往北京，途中由于车速较快，不慎翻车，车上的建筑材料全部毁损，根据《合同法》的规定，对于该批商品毁损应由（ ）承担责任。

A. 运输公司　　B. 商店和运输公司

C. 驾驶该车的司机　　D. 商店

19. 某石化公司与某研究所研制一项工业技术，双方签订了一份技术开发合同，合同约定由双方共同合作开发此项技术，该技术研制成功后，某研究所向国家专利局申请专利，某石化公司对此提出异议，经专利局查明，双方在合同中未约定申请专利权的归属问题。则该专利申请权属于（ ）。

A. 研究所与石化公司共有　　B. 研究所

C. 石化公司　　D. 研究所或石化公司

20. 行纪人以高于委托人指定的价格卖出商品的，如果在行纪合同中没有约定或者约定不明确，依照《合同法》仍不能确定的，该利益属于（ ）。

A. 委托人　　B. 受托人

C. 第三人　　D. 委托人和受托人平均享有

二、多项选择题

1. 合同的标的是合同的主要条款之一，下列选项中属于合同的标的的类型的有（ ）。

A. 有形财产　　B. 无形财产　　C. 劳务　　D. 工作成果

2. 根据合同法律制度的规定，下列各项中，属于不得撤销要约的情形有（ ）。

A. 要约人确定了承诺期限

B. 要约已经到达受要约人

C. 要约人明示要约不可撤销

D. 受要约人有理由认为要约是不可撤销的，并已经为履行合同作了准备工作

3. 根据《合同法》的规定，下列各项中，属于合同成立的情形有（ ）。

A. 甲向乙发出要约，乙作出承诺，该承诺除对履行地点提出异议外，其余内容均与要约一致

B. 甲、乙约定以书面形式订立合同，但在签订书面合同之前甲已履行主要义务，乙接受了履行

C. 甲、乙采用书面形式订立一合同，但在双方签章之前，甲履行了主要义务，乙接受了履行

D. 甲于5月10日向乙发出要约，要约规定承诺期限截至5月20日，乙于5月18日发出承诺信函，因其他原因，该信函5月21日到达甲

4. 对于一份可撤销合同，具有撤销权的当事人的下列行为导致撤销权消灭的有（ ）。

A. 自知道撤销事由之日起1年内没有行使撤销权

B. 自撤销事由发生之日起1年内没有行使撤销权

C. 知道撤销事由后，明确表示放弃撤销权

D. 知道撤销事由后，以自己的行为放弃撤销权

5. 对于无效合同造成的财产后果，应当根据当事人的过错，采取的措施有（ ）。

A. 罚款　　B. 返还财产

C. 赔偿损失　　D. 追缴财产收归国库所有

6. A市甲厂因购买B市乙公司的一批木料，与乙公司签订了一份买卖合同，但合同中未约定交货地与付款地，则下列正确的有（ ）。

A. A市为交货地　B. B市为交货地　C. A市为付款地　D. B市为付款地

7. 下列关于不安抗辩权的说法，符合我国《合同法》规定的是（ ）。

A. 不安抗辩权的行使需基于履行有先后顺序的同一双务合同

B. 应当先履行债务的一方当事人如果有确切证据证明对方有丧失或者可能丧失债务履行能力的情形即可终止履行合同

C. 在诉讼或者仲裁中，主张不安抗辩权一方应负举证义务

D. 不安抗辩权的行使需要征得对方同意

8. 债务人甲的下列行为中，债权人乙可以行使撤销权的是（ ）。

A. 甲将价值100万元的汽车作价50万元卖给A，对乙造成损害，A是善意第三人

B. 甲以150万元购买了A的价值100万元的汽车，对乙造成损害，A是善意第三人

C. 甲将价值100万元的汽车作价50万元卖给A，对乙造成损害，A是知情人

D. 甲恶意延长到期债权的履行期，对债权人造成损害

9. 下列各项中，对有关期限的表述正确的是（　　）。

A. 技术进出口合同发生争议时申请仲裁的期限为 4 年

B. 合同保全措施中债权人的撤销权行使的期限为自债务人的行为发生之日起 1 年

C. 国际货物买卖合同发生争议提起诉讼的期限为 4 年

D. 债权人领取提存物的期限为 5 年

10. 根据担保法律制度的规定，下列各项中，不能为合同债务人的债务履行作保证人的是（　　）。

A. 国家机关　　B. 幼儿园

C. 股份有限公司　　D. 企业法人的职能部门

11. 根据合同法律制度的规定，下列有关保证责任诉讼时效的表述正确的是（　　）。

A. 一般保证中，主债务诉讼时效中断，保证债务诉讼时效中断

B. 一般保证中，主债务诉讼时效中断，保证债务诉讼时效不中断

C. 连带责任保证中，主债务诉讼时效中断，保证债务诉讼时效中断

D. 连带责任保证中，主债务诉讼时效中断，保证债务诉讼时效不中断

12. 根据规定，下列财产中，不得用于抵押的财产有（　　）。

A. 土地所有权　　B. 医院的医疗卫生设施

C. 依法被人民法院查封的财产　　D. 集体所有的土地使用权

13. 下列各项中，应当办理抵押物登记，抵押权自登记之日起设立的是（　　）。

A. 土地使用权　　B. 上市公司的股份

C. 乡村企业的厂房　　D. 正在建造的楼房

14. 下列有关最高额抵押合同的说法中，正确的是（　　）。

A. 最高额抵押担保的债权确定前，部分债权转让的，最高额抵押权不得转让，但当事人另有约定的除外

B. 抵押权人实现最高额抵押权时，如果实际发生的债权余额高于最高限额的，以最高限额为限，超过部分不具有优先受偿的效力

C. 当事人对最高额抵押合同的最高限额进行变更，不得以其变更对抗顺序在后的抵押权人

D. 最高额抵押权设立前已经存在的债权，经当事人同意，可以转入最高额抵押担保的债权范围

15. 根据合同法律制度的规定，发生下列（　　）情况，允许当事人解除合同。

A. 甲、乙双方经协商同意，且并不因此损害国家利益和社会公共利益

B. 当事人一方迟延履行主要债务，经催告后在合理期限内仍未履行

C. 合同成立后客观情况发生了无法预见的、非不可抗力造成的不属于商业风险的重大变化，继续履行合同不能实现合同目的，当事人请求人民法院解除合同

D. 当事人一方迟延履行债务或者有其他违约行为致使不能实现合同目的

16. 根据《合同法》的规定，下列情形中，适合合同标的物提存的情形是（　）。

A. 债权人下落不明

B. 债权人无正当理由拒绝受领标的物

C. 债权人与债务人就履行合同发生纠纷

D. 债权人丧失民事行为能力未确定监护人

17. 甲某将自己的私房一间出租给其同事乙某居住，双方签订租赁协议，约定租期两年，月租金1000元。其他事项未约定。在租赁期间，当事人以下行为合法的有（　）。

A. 如双方在合同订立后对租金支付期未达成补充协议，乙某可在租赁期满时支付租金

B. 租赁期内经甲某同意，乙某将住房转租给丙某，并每月收取1500元租金归自己所有

C. 甲某将该私房作价10万元出售，则在租赁期间乙某可继续租赁使用该房

D. 如甲某在出卖前将私房出售情况通知乙某，则乙某有权以优惠价20万元购买该房

三、判断题

1. 当债务人的给付不足以清偿其对同一债权人所负的数笔相同种类的全部到期债务时，且担保数额相同，在当事人没有约定的情况下，优先抵充负担较小的债务。（　）

2. 张三和李四对买卖合同的履行地点各执一词。张三认为，买方提货的，履行地点为提货地；卖方送货的，履行地点为买方收货的。李四认为张三的说法欠妥，卖方送货的，履行地点应该是卖方所在地。李四的说法是正确的。（　）

3. 承诺应当在要约确定的期限内到达要约人，受要约人超过承诺期限发出承诺的，一律视为新要约。（　）

4. 受要约人对要约的内容作出非实质性变更的，除要约人及时表示反对或者要约表明承诺不得对要约的内容作出任何变更外，该承诺有效，但合同的内容以要约的内容为准。（　）

5. 承诺应当在有效期限内作出，受要约人超出期限作出承诺时，如果要约人同意，则承诺生效。

6. 当事人采用合同书、确认书形式订立合同的，双方当事人签字或者盖章的地点为合同成立的地点。（　）

7. A公司应B公司之约赴京洽谈签约，后因双方对合同价款无法达成一致协议而未能签订合同。对A公司赴京发生的差旅费应由A公司自行承担。（　）

8. 负有缔约过失责任的当事人，应当赔偿受损害的当事人的直接经济损失，对其间接利益的损害则不予赔偿。（　）

9. 对可撤销合同，具有撤销权的当事人如果自合同签订之日起1年内没有行使撤销权，撤销权消失。（　）

10. 行为人没有代理权而以被代理人名义订立的合同，且相对人知道该情形的，相对人可以催告被代理人在1个月内予以追认，被代理人未作表示的，视为同意追认，

该合同有效。(   )

11. 可撤销合同的变更或撤销须由有撤销权的当事人作出。(   )

12. 上市公司对外担保须经董事会或股东大会审议。(   )

13. 一般保证的保证人在主债权履行期间届满后，向债权人提供了债务人可供执行财产的真实情况的，债权人放弃或者怠于行使权利致使该财产不能被执行，保证人可以请求人民法院在其提供可供执行财产的实际价值范围内免除保证责任。(   )

14. 合同权利义务的一并转让是合同权利义务全部由出让人转移至受让人，也可以是合同权利和义务的一部分由出让人转移至受让人。(   )

15. 受托人需要转委托的，应当经委托人同意，委托人可以就委托事务直接指示转委托的第三人，受托人仅就第三人的选择及其对第三人的指示承担责任。(   )

四、简答题

1. 甲公司与乙公司于 2007 年 5 月 20 日签订了设备买卖合同，甲为买方，乙为卖方。双方约定：①由乙公司于 10 月 30 日前分两批向甲公司提供设备 10 套，价款总计为 150 万元；②甲公司向乙公司给付定金 25 万元；③如一方迟延履行，应向另一方支付违约金 20 万元；④由丙公司作为乙公司的保证人，在乙公司不能履行债务时，丙公司承担一般保证责任。

合同依法生效后，甲公司因故未向乙公司给付定金。7 月 1 日，乙公司向甲公司交付了 3 套设备，甲公司支付了 45 万元货款。9 月，该种设备价格大幅上涨，乙公司向甲公司提出变更合同，要求将剩余的 7 套设备价格提高到每套 20 万元，甲公司不同意，随后乙公司通知甲公司解除合同。11 月 1 日，甲公司仍未收到剩余的 7 套设备，从而严重影响了其正常生产，并因此遭受了 50 万元的经济损失。于是甲公司诉至法院，要求乙公司增加违约金数额并继续履行合同；同时要求丙公司履行一般保证责任。

要求：根据上述事实及有关法律规定，回答下列问题：

(1) 合同约定甲公司向乙公司给付 25 万元定金是否合法？说明理由。

(2) 乙公司通知甲公司解除合同是否合法？说明理由。

(3) 甲公司要求增加违约金数额依法能否成立？说明理由。

(4) 甲公司要求乙公司继续履行合同依法能否成立？说明理由。

(5) 丙公司在什么条件下应当履行一般保证责任？

2. 甲、乙两公司采用合同书形式订立了一份买卖合同，双方约定由甲公司向乙公司提供 100 台精密仪器，甲公司于 8 月 31 日前交货，并负责将货物运至乙公司，乙公司在收到货物后 10 日内付清货款。合同订立后双方均未签字盖章。

7 月 28 日，甲公司与丙运输公司订立货物运输合同，双方约定由丙公司将 100 台精密仪器运至乙公司。8 月 1 日，丙公司先运了 70 台精密仪器至乙公司，乙公司全部收到，并于 8 月 8 日将 70 台精密仪器的货款付清。8 月 26 日，甲公司通知丙公司将其余 30 台精密仪器运往乙公司，丙公司在运输途中因司机超速行驶发生交通事故，30 台精密仪器全部毁损，致使甲公司 8 月 31 日前不能按时全部交货，乙公司要求甲公司承担违约责任。

要求：根据以上事实及《合同法》的规定，回答下列问题：

(1) 甲乙公司订立的买卖合同是否成立？并说明理由。

(2) 乙公司9月5日要求甲公司承担违约责任的行为是否合法？并说明理由。

(3) 丙公司对货物毁损应承担什么责任？并说明理由。

3. 2009年5月10日，甲公司与乙企业签订了一份买卖合同，合同约定：乙企业向甲公司购买20吨药材；合同签订后5日内，乙企业向甲公司支付定金10万元；交货时间为7月底，交货地点为乙企业的库房，验货后3日内付清货款。

2009年7月10日，甲公司委托丙运输公司将药材发给乙企业。运输途中，因遇山洪暴发致使药材被洪水浸泡。乙企业收到药材后，请当地质量检查部门进行了检验，确认该批药材已不适于制作药品。乙企业立即电告甲公司，提出如下要求：①退货；②双倍返还定金；③赔偿因停工所造成的5万元损失。甲公司意识到事情对自己不利，遂提出该合同仅加盖了公章，未经其法定代表人签字确认，因而是无效合同。

要求：根据以上事实，并结合相关法律规定，分别回答下列问题：

(1) 货物在运输途中受损，损失应由谁承担？说明理由。

(2) 乙企业的要求哪一项是不合理的？说明理由。

(3) 甲公司主张合同无效是否合理？说明理由。

4. 2009年3月5日，A房地产开发公司（以下简称A公司）与B银行签订一份借款合同。该借款合同约定：借款总额为4亿元；借款期限为2年6个月；借款利率为年利率6.8%，2年6个月的应付利息在发放借款之日预先一次从借款本金中扣除；借款期满时一次全额归还所借款项；借款用途为用于某商业广场项目的开发建设；A公司应当按季向B银行提供有关财务会计报表和借款资金使用情况；任何一方违约，违约方应当向守约方按借款总额支付1%的违约金。但对支付利息的期限没有约定。

B银行依照约定于2009年3月6日向A公司发放了4亿元的借款，并从发放的借款本金中扣除了2年6个月的借款利息。2009年4月5日，B银行从A公司提供的相关财务会计资料中发现，A公司已将该借款资金的一部分挪用作高档别墅项目的开发建设，遂要求A公司予以纠正，A公司以借款资金应当由自己自行支配为由而未予纠正。同年5月B银行通知A公司，要求A公司提前偿还借款，A公司以借款尚未到期为由拒绝偿还借款。同年8月，B银行向人民法院提起诉讼，要求解除借款合同，并要求A公司提前偿还借款。

要求：根据上述事实，回答下列问题：

(1) 借款合同约定借款利息预先从借款本金中扣除是否符合有关规定？如何处理？

(2) 根据上述提示内容，A公司向B银行的实际借款数额是多少？应如何支付利息？

(3) B银行可否要求解除借款合同？并说明理由。

练习六

一、单项选择题

1. 证券市场参与者的合法权益同样受法律保护，违法行为同样受法律制裁，这体现的证券市场的原则是（　　）。

A. 公开原则　　B. 公平原则　　C. 诚实信用原则　　D. 公正原则

2. 根据《证券法》的规定，证券公司同时经营证券承销与保荐和证券自营业务的，其注册资本最低限额为（　　）。

A. 人民币 5 亿元　　B. 人民币 1 亿元

C. 人民币 5000 万元　　D. 人民币 10 亿元

3. 某证券公司的注册资本为 5000 万元。根据规定，该证券公司可以经营的业务是(　　)。

A. 证券投资咨询；证券经纪；证券交易有关的财务顾问业务

B. 证券自营；证券经纪；证券投资咨询；与证券投资活动有关的财务顾问证券交易

C. 证券自营；证券经纪；证券投资咨询

D. 证券经纪；证券投资咨询；证券承销与保荐；与证券交易、证券投资活动有关的财务顾问

4. 下列可以成为证券公司从业人员的是（　　）。

A. 因违法行为被开除的证券公司的从业人员

B. 被开除的国家机关工作人员

C. 因违反劳动纪律被辞退的某企业员工

D. 因违纪行为被开除证券登记结算机构的从业人员

5. 下列有关公开发行股票的说法正确的是（　　）。

A. 必须是向特定对象发行股票

B. 向累计超过 150 人的特定对象发行证券为公开发行股票

C. 向累计超过 100 人的特定对象发行证券为公开发行股票

D. 公开发行股票，依法采取承销方式的，应当聘请具有保荐资格的机构担任保荐人

6. 某上市公司股本总额为 5 亿元，2009 年拟增发股票 2 亿股，其中一部分采用配售的方式发售，那么该配售股份数量最多不应超过（　　）。

A. 10000 万股　　B. 15000 万股　　C. 12000 万股　　D. 20000 万股

7. 某股份有限公司 2006 年 5 月发行 3 年期公司债券 2500 万元，1 年期公司债券 1000 万元。2008 年 4 月，该公司鉴于到期债券已偿还且具备再次发行公司债券的其他条件，计划再次申请发行公司债券。经审计确认该公司 2008 年 3 月末净资产额为 8000 万元。该公司此次发行公司债券额最多不得超过（　　）。

A. 1200 万元　　B. 1000 万元　　C. 800 万元　　D. 700 万元

8. 根据证券法律制度的规定，股票发行采用代销方式，代销期限届满，向投资者出售的股票数量未达到拟公开发行股票数量（　　）的，为发行失败。

A. 50%　　B. 60%　　C. 70%　　D. 80%

9. 下列股份有限公司向不特定对象发行股票的情形中，可以不组织承销团承销的有（　　）。

A. 股票总额为 1000 万股，每股价格为人民币 6 元

B. 股票总额为 5100 万股，每股价格为人民币 3.5 元

C. 股票总额为 5500 万股，每股价格为人民币 3 元

D. 股票总额为 5010 万股，每股价格为人民币 1.5 元

10. 根据规定，首次公开发行股票数量在一定数额以上的，发行人及其主承销商可以在发行方案中采用超额配售选择权，该数额为（　　）。

A. 1 亿股　　B. 4 亿股　　C. 5 亿股　　D. 2 亿股

11. 根据证券投资基金法律制度的规定，下列有关开放基金申购、赎回的表述中，正确的是（　　）。

A. 办理基金单位申购、赎回业务的人仅限于基金管理人

B. 除基金合同另有约定外，基金管理人应当在每个工作日办理基金申购、赎回业务

C. 投资人申购基金时，经基金管理人同意，可以在申购期满前缴纳部分申购款项，在申购期满后 30 日内补交余款

D. 基金管理人应当在收到基金投资人申购、赎回申请的当日对该交易的有效性进行确认

12. 根据证券法律制度的规定，为上市公司发行新股出具审计报告的注册会计师在法定期间内，不得买卖该上市公司的股票。该法定期间为（　　）。

A. 自接受上市公司委托之日起至审计报告公开后 5 日内

B. 上市公司股票承销期内和期满后 6 个月内

C. 自接受上市公司委托之日起至上市公司股票承销期满后 6 个月内

D. 自接受上市公司委托之日起至出具审计报告后 6 个月内

13. 某公司 2006 年 2 月曾公开发行 2 亿元的公司债券，该公司 2007 年 9 月申请再次公开发行 1 亿元的公司债券。下列情形中，构成本次发行障碍的是（　　）。

A. 2006 年发行的公司债券尚未募足

B. 2006 年发行的公司债券所募集的资金未产生预期效益

C. 本次拟发行的公司债券利率高于银行同期利率

D. 本次拟发行的公司债券未确定保荐人

14. 下列不属于证券投资基金上市的条件是（　　）。

A. 基金合同期限为4年以上

B. 基金募集金额不低于2亿元人民币

C. 基金持有人不少于1000人

D. 基金的募集符合《证券投资基金法》的规定

15. 上市公司对于其发行的、可能对上市公司股票交易价格产生较大影响、而投资者尚未得知的重大事件，应当根据《证券法》的规定向有关部门报告并予公告。下列各项中，不属于上市公司重大事件的是（　　）。

A. 公司经理发生变动

B. 公司董事发生变动

C. 公司生产经营的外部条件发生重大变化

D. 持有公司1%以上股份的股东或者实际控制人，其持有股份或者控制公司的情况发生较大变化的

16. 根据上市公司信息披露制度的有关规定，上市公司必须编制并公告中期报告。报告编制并公告的时间应当是（　　）。

A. 每一个会计年度的上半年结束之日起1个月内

B. 每一个会计年度的上半年结束之日起45日内

C. 每一个会计年度的上半年结束之日起2个月内

D. 每一个会计年度的上半年结束之日起3个月内

17. 根据证券法律制度的规定，为上市公司发行新股出具审计报告的注册会计师在法定期间内，不得买卖该上市公司的股票。该法定期间为（　　）。

A. 自接受上市公司委托之日起至审计报告公开后5日内

B. 上市公司股票承销期内和期满后6个月内

C. 自接受上市公司委托之日起至上市公司股票承销期满后6个月内

D. 自接受上市公司委托之日起至出具审计报告后6个月内

18. 投资者通过协议收购一个上市公司已发行的股份达到一定比例时，继续进行收购的，应当采用要约收购方式。该比例是（　　）。

A. 5%　　B. 10%　　C. 30%　　D. 50%

19. 投资者及其一致行动人拥有权益的股份达到或者超过一个上市公司已发行股份的一定比例，应当编制详式权益变动报告书。根据规定，该一定的比例是（　　）。

A. 达到10%，但未达到20%　　B. 达到5%，但未超过30%

C. 达到10%，但未超过30%　　D. 达到20%，但未超过30%

二、多项选择题

1. 根据《证券发行与承销管理办法》的规定，首次公开发行股票，应当通过向特

定机构投资者询价的方式确定股票发行价格，询价对象包括（　　）。

A. 基金管理公司　　B. 信托投资公司

C. 财务公司　　D. 合格境外机构投资者

2. 某股份有限公司设立时采用募集设立方式，其向社会公开发行的股票采用承销的方式进行，这种股票发行方式属于（　　）。

A. 设立发行　　B. 增资发行　　C. 直接发行　　D. 间接发行

3. 下列各项中，符合上市公司非公开发行股票条件的是（　　）。

A. 特定的发行对象不超过10名

B. 发行价格不低于定价基准日前20个交易日公司股票均价的90%

C. 控股股东、实际控制人及其控制的企业认购的股份，36个月内不得转让

D. 除控股股东、实际控制人及其控制的企业认购的股份外，本次发行的股份自发行结束之日起，12个月内不得转让

4. 根据《证券法》的规定，下列选项中，属于不得再次公开发行公司债券的情形有（　　）。

A. 前一次发行的公司债券尚未募足

B. 对已公开发行的公司债券有延迟支付本息的事实，但已经按照限定期限支付

C. 将所募集的资金用于弥补亏损

D. 将所募集的资金用于生产经营

5. 下列关于公开发行公司债券的说法中，错误的是（　　）。

A. 股份有限公司净资产不低于人民币3000万元，有限责任公司净资产不低于人民币6000万元

B. 累计债券余额不超过公司资产总额的40%

C. 最近3年平均可分配利润足以支付公司债券1年的利息

D. 募集的资金投向符合国家产业政策

6. 某股份有限公司首次公开发行股票6000万股，下列情形属于发行失败的是（　　）。

A. 包销期限届满，向投资者出售的股票数量为2000万股

B. 包销期限届满，向投资者出售的股票数量为3000万股

C. 代销期限届满，向投资者出售的股票数量为3000万股

D. 代销期限届满，向投资者出售的股票数量为4000万股

7. 下列属于个人申请保荐代表人资格的条件是（　　）。

A. 未负有数额较大到期未清偿的债务

B. 3年以上会计业务经历

C. 参加中国证监会认可的保荐代表人胜任能力考试且成绩合格有效

D. 最近3年未受到中国证监会的行政处罚

8. 根据《证券投资基金法》规定，设立基金管理公司，应当具备的条件有（　　）。

A. 经国务院证券监督管理机构批准

B. 注册资本不低于1亿元人民币，且必须为实缴货币资本

C. 主要股东最近1年没有违法记录

D. 主要股东注册资本不低于3亿元人民币

9. 依法发行的证券，法律对其转让期限有限制性规定的，在规定期限内，不得买卖。下列各项中错误的是（　）。

A. 为股票发行出具审计报告的专业人员，在该股票承销期内，不得买卖该种股票，期满后可以转让该种股票

B. 为上市公司出具审计报告的专业人员，自接受上市公司委托之日起至上述文件公开后15日内，不得买卖该种股票

C. 发起人持有公开发行新股前已经发行的股份自公司股票在证券交易所上市交易之日起1年内不得转让

D. 发起人持有的本公司股份，自公司成立1年内不得转让

10. 根据《证券发行上市保荐业务管理办法》的规定，证券公司有下列情形之一的，不得注册登记为保荐机构的是（　）。

A. 保荐代表人数量少于4名

B. 最近24个月因违法违规被中国证监会从名单中去除

C. 公司治理结构存在重大缺陷

D. 风险控制制度不健全

11. 根据证券法律制度的规定，上市公司发生下列事项时，证券交易所可以决定终止其股票上市的有（　）。

A. 最近3年连续亏损，在限定期限内未能扭亏为盈

B. 上市公司被宣告破产

C. 公司股本总额发生变化，不再具备上市条件

D. 上市公司不按照规定公开其财务状况，且拒绝纠正

12. 根据有关规定，公司债券上市交易后，公司发生的下列情形中，应当由证券交易所决定暂停公司债券上市交易的有（　）。

A. 公司有重大违法行为

B. 公司最近2年连续亏损

C. 公司债券所募集资金不按照审批机关批准的用途使用

D. 公司发行债券当年亏损导致净资产降至人民币7000万元

13. 上市公司和公司债券上市交易的公司，应当按法律规定向国务院证券监督管理机构和证券交易所报送年度报告，年度报告应记载的内容有（　）。

A. 公司财务会计报告和经营情况

B. 董事、监事、高级管理人员简介及其持股情况

C. 已发行的股票、公司债券情况，包括持有公司股份最多的前10名股东名单和持股数额

D. 公司的实际控制人

14. 根据《中华人民共和国证券法》的规定，某上市公司发生的下列事项中，董事会应当立即向中国证监会和证券交易所提交临时报告，并予公告的有（　　）。

A. 上市公司的董事长发生变动　　B. 1/4 的监事发生变动

C. 公司发生重大亏损　　D. 股东大会作出减少注册资本的决定

15. 根据《证券法》的规定，下列行为中，属于欺诈客户行为的有（　　）。

A. 利用传播媒介传播误导投资者的信息

B. 假借客户的名义买卖证券

C. 不在规定时间内向客户提供交易的书面确认文件

D. 违背客户的委托为其买卖证券

16. 根据证券法律制度的规定，下列各项中，属于禁止的证券交易行为的有（　　）。

A. 甲证券公司在证券交易活动中编造并传播虚假信息，严重影响证券交易

B. 乙证券公司不在规定的时间内向客户提供交易的书面确认文件

C. 丙证券公司利用资金优势，连续买卖某上市公司股票，操纵该股票交易价格

D. 上市公司董事王某知悉该公司近期未能清偿到期重大债务，在该信息公开前将自己所持有的股份全部转让给他人

17. 根据证券法律制度的规定，下列信息中，属于内幕信息的有（　　）。

A. 公司董事的行为可能依法承担重大损害赔偿责任

B. 公司营业用主要资产的抵押、出售或者报废一次超过该资产的 20%

C. 公司生产经营的外部条件发生重大变化

D. 公司董事发生变动

18. 根据证券法律制度的规定，如果没有相反的证据，下列情形中，视为投资者为一致行动人的有（　　）。

A. 投资者之间有股权控制关系

B. 投资者之间存在合伙、合作、联营等经济利益关系

C. 持有投资者 25%股份的自然人，与投资者持有同一上市公司股份

D. 在投资者任职的董事、监事及高级管理人员，与投资者持有同一上市公司股份

19. 下列选项中，属于详式权益变动报告书包括的内容有（　　）。

A. 权益变动事实发生之日前 6 个月内通过证券交易所的证券交易买卖该公司股票的简要情况

B. 取得相关股份的价格、所需资金额、资金来源

C. 未来 12 个月内对上市公司资产、业务、人员、组织结构、公司章程等进行调整的后续计划

D. 前 24 个月内投资者及其一致行动人与上市公司之间的重大交易

三、判断题

1. 开放式基金是指基金份额总额不固定，基金份额可以在基金合同约定的时间和

场所申购或者赎回的基金。（　）

2. 根据《证券法》的规定，证券公司同时经营证券自营和证券资产管理业务的，其注册资本最低限额为人民币1亿元。（　）

3. 股份有限公司依法向200人的不特定对象发行证券的，属于公开发行证券。（　）

4. 乙上市公司已于2008年6月1日发行3年期债券9000万元。该公司截至2009年12月31日的总资产70000万元、总负债30000万元。公司董事会拟订方案，拟于2010年初再次增发1年期债券8000万元。董事会拟定的此方案符合《公司法》规定。（　）

5. 依照《公司法》设立的股份有限公司和有限责任公司，为筹集生产经营资金，都可以成为发行公司债券的主体。（　）

6. 证券的包销期最长不得超过90日。（　）

7. 证券公司可以为本公司事先预留所代销的证券和预先购入并留存所包销的证券。（　）

8. 开放式基金和封闭式基金都可以上市交易。（　）

9. 为上市公司年度会计报表出具审计报告的人员，自接受上市公司委托之日起至审计报告公开后5日内，不得买卖该上市公司股票。（　）

10. 上市公司如改变招股说明书所列的资金用途，必须经董事会或者股东大会的批准。（　）

11. 基金合同期限届满的，将暂时停止上市。（　）

12. 上市公司和公司债券上市交易的公司，应当在每一会计年度的上半年结束之日起2个月内，向国务院证券监督管理机构和证券交易所报送中期报告，并予公告。（　）

13. 根据《证券法》的规定，上市公司营业用主要资产的抵押、出售或者报废一次超过该资产的20%的，属于上市公司的内幕信息范围。（　）

14. 国有企业、国有资产控股的企业、上市公司所开立的股票账户，可以用于配售股票，也可以用于二级市场的股票，但在二级市场买入又卖出或者卖出又买入同一种股票的时间间隔不得少于12个月。（　）

四、简答题

1. 中国证监会的某证券监管派出机构于2007年5月在对A上市公司进行例行检查时，发现该公司存在以下事实：

（1）A公司报送的2006年年度报告显示：截至2006年12月31日，该公司经审计的合并会计报表净资产总额为26888万元。

（2）A公司报送的2006年年度报告仅披露了持股5%以上（含5%）的股东共计8人情况，而未披露其他股东的情况。

（3）2007年3月，公司依赖于进口的主要原材料国际市场价格大幅上涨，A公司没有以临时报告的方式披露该事件；同年4月，A公司召开的董事会根据经理的提议，解聘了公司财务负责人王某的职务，该信息也未以临时报告的方式披露。

要求：根据本题所述内容，分别回答下列问题：

(1) A公司在年度报告中披露的股东人数是否符合规定？并说明理由。

(2) 根据上市公司临时报告信息披露的有关规定，A公司是否应当以临时报告的方式披露原材料国际市场价格大幅上涨的信息和解聘王某的信息？并分别说明理由。

2. 甲上市公司（以下简称甲公司）召开董事会会议，会议的召开情况以及讨论的有关问题如下：

(1) 为适应市场变化，经出席本次董事会会议的董事一致通过，决定改变招股说明书所列资金用途。

(2) 因委托理财失败，公司遭受3000万元的重大投资损失，董事A提议对此不予公告。

(3) 经出席本次董事会会议的董事一致通过，决定解聘张某的公司总经理职务，会议决定由王某担任甲公司的总经理。董事D提议对公司经理的变动情况及时向证券交易所报告并予以公告。

要求：根据以上事实和有关规定，分析回答下列问题：

(1) 董事会会议决定改变招股说明书所列资金用途是否符合法律规定？并说明理由。

(2) 董事A的提议是否符合法律规定？并说明理由。

(3) 董事D的主张是否符合法律规定？并说明理由。

五、综合题

1. 甲上市公司（以下简称甲公司）为A、B、C三位发起人采用募集设立方式成立的公司，C股东为甲公司的控股股东，2009年1月，甲上市公司拟增资发行股票。

截至2008年12月31日，公司经审计的有关财务情况及审计情况如下：

(1) 股本总额12000万元，其中A股东持股10%，B股东持股15%，C股东持股20%，剩余为向社会公开发行的股份。

(2) 经专业机构计算，甲公司2006年、2007年、2008年3个会计年度的加权平均净资产收益率平均为11.2%。

公司董事会拟定的发行方案部分要点如下：

(1) 拟发行股份8000万元，其中3800万元向原有股东配售，另外4200万元向社会不特定对象公开募集。

(2) 本次募集资金的5000万元用于购建新型生产流水线和厂房，3000万元用于持有交易性金融资产。

2010年3月25日，乙公司通过场上交易已经持有股票上市的甲公司公开发行的股份比例达到4.1%。当日，乙公司了解到，原来从乙公司分立出去的丙公司也持有甲公司公开发行的股份比例达到2.2%。这之后，乙公司继续收购，直至3月28日，乙公司作出公告，公告其所持乙公司股份比例超过5%。

5月10日，乙公司持甲公司公开发行的股份比例超过30%后，决定继续收购，并向甲公司所有股东发出收购要约。收购要约约定的收购期限为50天。

5月30日，乙公司得知甲公司因火灾造成重大损失，即向国务院证券监督管理机构及证券交易所提出报告，申请撤销其收购要约，但未得到批准。乙公司决定对出售1万股以上的股民以要约中规定价格的70%折价收购。

要求：根据以上事实，并结合相关法律规定，分别回答下列问题：

(1) 甲公司最近3年加权平均净资产收益率是否符合公开募集股份的条件？并说明理由。

(2) 董事会拟定的发行方案中有哪些地方不符合规定？请指明并说明理由。

(3) 乙公司和丙公司是否属于一致行动人？在3月25日后，乙公司继续收购的行为是否合法？

(4) 乙公司公告的收购期限是否符合法律规定？说明理由。

(5) 乙公司能否撤销其收购要约？说明理由。

(6) 乙公司折价收购的决定是否符合法律规定？说明理由。

2. 中国证监会在对A上市公司进行例行检查中，发现以下事实：

(1) A公司于2005年5月6日由B企业、C企业等6家企业作为发起人共同以发起设立方式成立，成立时的股本总额为8200万股（每股面值为人民币1元，下同）。2006年8月9日，A公司发行5000万股社会公众股，并于同年10月10日在证券交易所上市。此次发行完毕后，A公司的股本总额达到13200万股。

(2) 2007年9月5日，B企业将所持A公司股份680万股转让给了D公司，从而使D公司持有A公司的股份达到800万股。直到同年9月15日，D公司未向A公司报告。

(3) 为A公司出具2007年度审计报告的注册会计师陈某，在2007年3月10日公司年度报告公布后，于同年3月20日购买了A公司2万股股票，并于同年4月8日抛售，获利3万余元；E证券公司的证券从业人员李某认为A公司的股票具有上涨潜力，于2007年3月15日购买了A公司股票1万股。

要求：根据以上事实和有关规定，分析回答下列问题：

(1) A公司上市后，其股本结构中社会公众股所占股本总额比例是否符合法律规定？并说明理由。

(2) B企业转让A公司股份的行为以及D公司未向A公司报告所持股份情况的行为是否符合法律规定？并说明理由。

(3) 陈某、李某买卖A公司股票的行为是否符合法律规定？并说明理由。

练习答案

练习一详解

一、单项选择题

1. 正确答案：D

答案解析：本题考核经济法的渊源。国务院所属的各部、委、行、署以及具有行政管理职能的直属机构，是部门规章的制定主体，选项D属于部门规章的范围。

2. 正确答案：A

答案解析：本题考核经济法的体系。《中华人民共和国税收征收管理法》属于经济法的体系中宏观调控法的三个部门法之一，即财税调控法。

该题针对“经济法的概念、体系和渊源”知识点进行考核

3. 正确答案：B

答案解析：本题考核经济法的体系。《中华人民共和国消费者权益保护法》属于经济法的体系中的市场规制法。

该题针对“经济法的概念、体系和渊源”知识点进行考核

4. 正确答案：D

答案解析：本题考核经济法渊源的制定主体。省、自治区、直辖市以及较大市的人大及其常委依据本题具体情况，可以依法制定地方性法规。

该题针对“经济法的概念、体系和渊源”知识点进行考核

5. 正确答案：C

答案解析：本题考核经济法主体资格的取得。受控主体和受制主体资格的取得，主要是依据传统民商法。

该题针对“经济法的主体”知识点进行考核

6. 正确答案：C

答案解析：本题考核调制行为的分类。价格调控行为属于宏观调控行为中的计划调控行为。

该题针对“经济法主体的行为”知识点进行考核

7. 正确答案：D

答案解析：本题考核经济法主体行为的分类。国家调整税收优惠措施的立法行为属于抽象行为。抽象行为是针对不特定对象作出的，具有普遍法律效力的行为。

该题针对“经济法主体的行为”知识点进行考核

8. 正确答案：A

答案解析：本题考核经济法主体行为的层级性。在财政法领域，预算的收支行为、国债的发行行为等都是基础性的行为，而在预算收支、国债的发行与偿还中体现的调控，则是高层次的行为。

该题针对“经济法主体的行为”知识点进行考核

9. 正确答案：C

答案解析：本题考核对策行为的分类。对策行为可以分为横向对策行为和纵向对策行为，所谓横向对策行为，是市场主体在相互之间的市场竞争中所从事的各类行为。

该题针对“经济法主体的行为”知识点进行考核

10. 正确答案：C

答案解析：本题考核调制权。调制主体对垄断行为的立法，体现了市场规制立法权。

该题针对“经济法主体的权利与义务”知识点进行考核

11. 正确答案：C

答案解析：本题考核调控主体与规制主体的职权。选项C属于市场规制权。

该题针对“经济法主体的权利与义务”知识点进行考核

12. 正确答案：C

答案解析：本题考核赔偿性责任与惩罚性责任。损害赔偿属于赔偿性责任。

该题针对“经济法主体的法律责任”知识点进行考核

二、多项选择题

1. 正确答案：AC

答案解析：本题考核经济法的概念。经济法所调整的两类社会关系包括宏观调控关系和市场规制关系。

该题针对“经济法的概念、体系和渊源”知识点进行考核

2. 正确答案：ACD

答案解析：本题考核经济法的体系。市场规制法包括三个部门法：即反垄断法、反不正当竞争法和消费者保护法。

该题针对“经济法的概念、体系和渊源”知识点进行考核

3. 正确答案：ABC

答案解析：本题考核经济法的主体。我国财政部、国家税务总局、中国人民银行、国家发展与改革委员会等都是重要的调控主体。

该题针对“经济法的主体”知识点进行考核

4. 正确答案：ABCD

答案解析：本题考核经济法主体的界定。经济法的主体，是指依据经济法而享有权力或权利，并承担相应义务的组织或个人。这里的组织，可能是立法机关或执法机

关；这里的个人，可以是本国公民、外国人等。

该题针对“经济法的主体”知识点进行考核

5. 正确答案：ACD

答案解析：本题考核经济法主体的分类。本题选项B各类企业属于依法接受国家宏观调控和市场规制的主体。

该题针对“经济法的主体”知识点进行考核

6. 正确答案：AC

答案解析：本题考核经济法主体行为的分类。国家调整利率的行为是单方行为，也是典型的调控行为。

该题针对“经济法主体的行为”知识点进行考核

7. 正确答案：ACD

答案解析：本题考核调制行为的分类。调制行为从领域来看，可以分为宏观调控行为和市场规制行为。宏观调控行为可以分为财税调控行为、金融调控行为、计划调控行为等。

该题针对“经济法主体的行为”知识点进行考核

8. 正确答案：AC

答案解析：本题考核对策行为的分类。选项B和选项D是市场主体在相互之间的市场竞争中所从事的行为，属于横向对策行为。

该题针对“经济法主体的行为”知识点进行考核

9. 正确答案：BC

答案解析：本题考核行为的相关要素。行为手段要素和行为结果要素属于法律行为客观方面的要素。

该题针对“经济法主体的行为”知识点进行考核

10. 正确答案：ABD

答案解析：本题考核经济法主体权利义务的特殊性。从权利与义务的对应程度来看，经济法主体的权利义务具有“不对等性”。

该题针对“经济法主体的权利与义务”知识点进行考核

11. 正确答案：ACD

答案解析：本题考核经济法责任的特殊性。从题目所述的法律规定来看，违反经济法规范，经济法主体不仅要承担行政责任，构成犯罪的，还要承担刑事责任，这体现了经济法主体责任承担上的双重性和非单一性，而罚款和没收违法所得则体现了经济性。

该题针对“经济法主体的法律责任”知识点进行考核

12. 正确答案：BC

答案解析：本题考核经济法责任的分类。依据法律门类的标准，根据经济法主体违反的经济法的法律部门的不同，可以将经济法责任分为两类：违反宏观调控法的责任和违反市场规制法的责任。

该题针对“经济法主体的法律责任”知识点进行考核

13. 正确答案：AB

答案解析：本题考核经济法责任的具体类型。选项 C 属于自由罚、选项 D 属于财产罚，两者都是惩罚性责任。

该题针对“经济法主体的法律责任”知识点进行考核

三、判断题

1. 正确答案：错

答案解析：本题考核经济法的体系。《中华人民共和国企业所得税法》在我国经济法的体系中属于宏观调控法中的财税调控法。

该题针对“经济法的概念、体系和渊源”知识点进行考核

2. 正确答案：错

答案解析：本题考核经济法的渊源。《人民币管理条例》属于我国经济法渊源中的行政法规，制定主体为我国最高行政机关国务院。

该题针对“经济法的概念、体系和渊源”知识点进行考核

3. 正确答案：错

答案解析：本题考核经济法主体的分类。调控主体与规制主体是主导者，但受控主体和受制主体也具有一定的独立性和主动性，并非完全被动地受控或受制于人。

该题针对“经济法的主体”知识点进行考核

4. 正确答案：错

答案解析：本题考核经济法主体资格的取得。接受调控或规制的企业等市场主体的资格，一般不需要有专门的法律作出特别规定，其资格取得主要是依据反映主体平等精神的民商法。

该题针对“经济法的主体”知识点进行考核

5. 正确答案：错

答案解析：本题考核经济法主体行为的基本分类。依法纳税是对国家调制行为的遵从、合作行为，属于纵向对策行为。

该题针对“经济法主体的行为”知识点进行考核

6. 正确答案：错

答案解析：本题考核经济法主体行为的其他分类。法律行为可以分为有效行为与无效行为，需要根据一定的要件，或行为构成要素来加以衡量。

该题针对“经济法主体的行为”知识点进行考核

7. 正确答案：错

答案解析：本题考核对策行为的分类。横向对策行为，是市场主体在相互之间的市场竞争中所从事的各类行为。

该题针对“经济法主体的行为”知识点进行考核

8. 正确答案：对

答案解析：本题考核调制权的分配。题目的表述是正确的。

该题针对“经济法主体的权利与义务”知识点进行考核

9. 正确答案：错

答案解析：本题考核接受调制主体和规制主体的权利。市场对策权是接受调控和规制的市场主体从事市场经济活动的一种“自由权”。

该题针对“经济法主体的权利与义务”知识点进行考核

10. 正确答案：错

答案解析：本题考核经济法责任的特殊性。只有“本法责任”才属于经济法责任，“他法责任”是经济法以外的其他法律上的责任。

该题针对“经济法主体的法律责任”知识点进行考核

练习二详解

一、单项选择题

1. 正确答案：D

答案解析：根据规定，公司为“股东或者实际控制人”提供担保的，必须经股东会或者股东大会决议。

该题针对“公司法人财产权”知识点进行考核

2. 正确答案：C

答案解析：本题考核公司股东的出资方式。根据规定，股东不得以劳务、信用、自然人姓名、商誉、特许经营权或者设定担保的财产等作价出资。因此选项A、选项B、选项D中所述的出资方式是错误的。

该题针对“公司登记事项及其设立登记”知识点进行考核

3. 正确答案：B

答案解析：本题考核分公司登记。公司设立分公司的，应当自决定作出之日起30日内向分公司所在地的公司登记机关申请登记；法律、行政法规或者国务院决定规定必须报经有关部门批准的，应当自批准之日起30日内向公司登记机关申请登记。

该题针对“公司变更、注销登记和登记管理”知识点进行考核

4. 正确答案：B

答案解析：本题考核有限责任公司的股东人数。根据规定，股份有限公司注册资本最低限额为500万元，由此可以判断该公司为有限责任公司，其股东人数为50人以下。

该题针对“有限责任公司的设立”知识点进行考核

5. 正确答案：A

答案解析：本题考核有限责任公司股东的出资。根据规定，公司股东出资中，货

币出资不得低于有限责任公司注册资本的30%。

该题针对“有限责任公司的设立”知识点进行考核

6. 正确答案：C

答案解析：本题考核股东出资的规定。根据规定，有限责任公司成立后，发现作为出资的实物、工业产权、土地使用权的实际价额显著低于公司章程所定价额的，应当由交付该出资的股东补交其差额，公司设立时的其他股东对其承担连带责任。本题应由乙和丙对其承担连带责任。

该题针对“有限责任公司的设立”知识点进行考核

7. 正确答案：B

答案解析：本题考核有限责任公司股东的出资。①股东不得以劳务、信用、自然人姓名、商誉、特许经营权或者设定担保的财产等作价出资，因此选项A、选项C错误；②有限责任公司的股东向股东以外的人转让出资，须经其他股东“过半数”同意，因此选项D错误。

该题针对“有限责任公司的设立”知识点进行考核

8. 正确答案：B

答案解析：本题考核有限责任公司的组织机构设置。根据规定，股东人数较少或者规模较小的有限责任公司，可以设1名执行董事，不设董事会；执行董事为公司的法定代表人；执行董事可以兼任公司经理。

该题针对“有限责任公司董事会、经理和监事会的有关规定”知识点进行考核

9. 正确答案：D

答案解析：本题考核有限责任公司的相关规定。①公司不得在法定会计账册之外另设会计账册；②公司不得将公司资金以个人名义开立账户存储；③财务负责人不得兼任本公司的监事；④董事每届任期不得超过3年。

该题针对“有限责任公司董事会、经理和监事会的有关规定”知识点进行考核

10. 正确答案：B

答案解析：本题考核一人有限责任公司的特别规定。根据规定，一人有限责任公司的股东应当一次足额缴纳公司章程规定的出资额，不允许分期缴付出资。

该题针对“一人有限责任的特别规定”知识点进行考核

11. 正确答案：C

答案解析：本题考核有限责任公司股东转让股权的相关规定。股东转让股权后，公司应当注销原股东的出资证明书，向新股东签发出资证明书，并相应修改公司章程和股东名册。对公司章程的该项修改“不需”再由股东会表决。

该题针对“有限责任公司的股权转让”知识点进行考核

12. 正确答案：C

答案解析：本题考核点是股份有限公司的设立。发起人未按期召开创立大会的，认股人可以按照所缴股款并加算银行同期存款利息，要求发起人返还，所以选项A错

误。发起人向社会公开募集股份，应当由依法设立的证券公司承销，签订承销协议，所以选项B错误。募集设立的，发起人认购的股份不得少于公司股份总数的35%，所以选项D错误。

该题针对“股份有限公司的设立”知识点进行考核

13. 正确答案：B

答案解析：本题考核股份有限公司董事会成员的人数。根据规定，股份有限公司的董事会人数为5～19人。

该题针对“股份有限公司的董事会、经理和监事会”知识点进行考核

14. 正确答案：D

答案解析：本题考核不得担任独立董事的情形。根据规定，直接或间接持有上市公司已发行股份1%以上或者是上市公司前10名股东中的自然人股东及其直系亲属不得担任独立董事。

该题针对“上市公司组织机构的特别规定”知识点进行考核

15. 正确答案：A

答案解析：本题考核股份有限公司转让股份的相关规定。为减少公司资本而注销股份或者与持有本公司股票的其他公司合并等情况下，可以收购本公司股票；发起人持有的本公司股份，自公司成立之日起1年内不得转让；无记名股票的转让，由股东将该股票交付给受让人后即发生效力。

该题针对“股份有限公司的股份发行和转让”知识点进行考核

16. 正确答案：C

答案解析：本题考核股份有限公司股东转让股票的限制。根据规定，发起人持有的本公司的股份，自公司成立之日起，1年内不得转让。

该题针对“股份有限公司的股份发行和转让”知识点进行考核

17. 正确答案：C

答案解析：本题考核公司董事、监事、高级管理人员的任职资格。董事、高级管理人员不得担任公司监事，财务负责人属于高级管理人员，因此不得担任公司的监事。

该题针对“公司董事、监事、高级管理人员的资格和义务”知识点进行考核

18. 正确答案：D

答案解析：本题考核有限责任公司发行公司债券的条件。根据规定，有限责任公司公开发行公司债券的，其净资产不得低于6000万元。

该题针对“公司债券的有关规定”知识点进行考核

19. 正确答案：B

答案解析：本题考核公司债券发行的程序。根据规定，国务院证券监督管理机构应当自受理公司债券发行申请文件之日起3个月内，依法作出予以核准或者不予核准的决定。

该题针对“公司债券的有关规定”知识点进行考核

20. 正确答案：A

答案解析：本题考核点是公积金提取的规定。根据《公司法》的规定，法定公积金按照公司税后利润的10%提取，当公司法定公积金累计额为公司注册资本的50%以上时可以不再提取。甲公司2006年利润1500万元，按10%提取150万元，加上原累计的法定公积金3000万元，提取后累计总额3150万元，未超过注册资本的50%。

该题针对“公司财务、会计的有关规定”知识点进行考核

21. 正确答案：C

答案解析：本题考核公司解散的程序。公司股东（大）会作出决议后，应当依法通知债权人并发布公告。债权人在接到通知书之日起30日内，未接到通知书的自第一次公告起45日内，有权向清算组申报债权。

该题针对“公司的解散和清算”知识点进行考核

二、多项选择题

1. 正确答案：ABCD

答案解析：本题考核公司的特征。本题四个选项均属于公司的特征。

该题针对“公司的概念和种类”知识点进行考核

2. 正确答案：BC

答案解析：本题考核有限责任公司和股份有限公司的概念。我国《公司法》规定的有限责任公司和股份有限公司都具有法人资格，股东以其认缴的出资额或者认购的股份为限对公司承担有限责任（即使股东出资不到位，也不影响其责任的承担）。

该题针对“公司的概念和种类”知识点进行考核

3. 正确答案：ABD

答案解析：本题考核公司的住所。根据规定，经公司登记机关登记的公司的住所只能有一个，因此选项C的说法错误。

该题针对“公司登记事项及其设立登记”知识点进行考核

4. 正确答案：AD

答案解析：本题考核股东的共益权。共益权是指股东依法参加公司事务的决策和经营管理的权利，它是股东基于公司利益同时兼为自己的利益而行使的权利，包括股东会或股东大会参加权、提案权、质询权、在股东会或股东大会上的表决权、累计投票权、股东会或股东大会召集请求权和自行召集权，了解公司事务、查阅公司账簿和其他文件的知情权，提起诉讼权等权利。选项B、选项C属于自益权。

该题针对“公司股东权利”知识点进行考核

5. 正确答案：AC

答案解析：本题考核公司股东权利。共益权是指股东依法参加公司事务的决策和经营管理的权利，它是股东基于公司利益同时兼为自己的利益而行使的权利，包括股

东会或股东大会参加权、提案权、质询权、在股东会或股东大会上的表决权、累计投票权、股东会或股东大会召集请求权和自行召集权，了解公司事务、查阅公司账簿和其他文件的知情权，提起诉讼权等权利，因此选项A正确，选项B错误；少数股东权是指须单独或共同持有占股本总额一定比例以上股份方可行使的权利，因此选项C正确，选项D错误。

该题针对“公司股东权利”知识点进行考核

6. 正确答案：ABD

答案解析：本题考核有限责任公司的特别决议事项。更换公司董事属于公司股东会的一般决议，不是法律规定的特别决议事项。

该题针对“有限责任公司股东会的有关规定”知识点进行考核

7. 正确答案：AD

答案解析：本题考核有限责任公司召开临时股东会的情形。根据规定，代表1/10以上表决权的股东，1/3以上的董事，监事和不设监事会的公司的监事提议召开临时会议的，应当召开股东会临时会议。

该题针对“有限责任公司股东会的有关规定”知识点进行考核

8. 正确答案：ABCD

答案解析：本题考核公司的组织机构。董事、高级管理人员（经理、副经理、财务负责人）不得兼任监事。

该题针对“有限责任公司董事会、经理和监事会的有关规定”知识点进行考核

9. 正确答案：BD

答案解析：本题考核一人有限责任公司出资的特别规定。根据规定，一人有限责任公司的注册资本最低限额为人民币10万元，并应当一次足额缴纳公司章程规定的出资额。

该题针对“一人有限责任的特别规定”知识点进行考核

10. 正确答案：ACD

答案解析：本题考核公司的组织机构。①选项A：股东人数较少或者规模较小的有限责任公司，可以不设立监事会，设1～2名监事；②选项C：国有独资公司的董事长、副董事长由国有资产监督管理机构从董事会成员中“指定”；③选项D：股份有限公司的董事会成员中“可以”（而非必须）有公司职工代表。

该题针对“国有独资公司的特别规定”知识点进行考核

11. 正确答案：BCD

答案解析：本题考核有限责任公司股东对外转让股权。股东向股东以外的人转让股权，应当经其他股东过半数同意。其他股东半数以上不同意转让的，不同意的股东应当购买该转让的股权；不购买的，视为同意转让。

该题针对“有限责任公司的股权转让”知识点进行考核

12. 正确答案：ABD

答案解析：本题考核点是股份有限公司出资。采取发起设立方式设立的，公司全

体发起人的首次出资额不得低于注册资本的20%；采取募集方式设立的，发起人认购的股份不得少于公司股份总数的35%。

该题针对"股份有限公司的设立"知识点进行考核

13. 正确答案：ABC

答案解析：本题考核召开临时股东大会的情形。根据规定，股份有限公司单独或合并持有公司有表决权股份总数10%以上的股东请求时，应该召开临时股东大会。

该题针对"股份有限公司的股东大会"知识点进行考核

14. 正确答案：ABCD

答案解析：本题考核召开临时股东大会的条件。根据《公司法》规定，股份有限公司的董事人数不足法定人数或章程规定的2/3、未弥补的亏损达股本总额的1/3、持有10%股份的股东请求、董事会认为必要时和监事会提议召开时，应当在2个月内召开临时股东大会。对于C要注意，本题考得是具体的情形，而不是法律原文，由于1/2小于2/3，因此也要选择C。

该题针对"股份有限公司的股东大会"知识点进行考核

15. 正确答案：ABCD

答案解析：本题考核董事长的产生方式。本题考核各类企业董事长的产生方式。以上四项均符合规定。

该题针对"股份有限公司的董事会、经理和监事会"知识点进行考核

16. 正确答案：AD

答案解析：本题考核股份有限公司董事会会议制度。根据规定，董事会决议必须有过半数的董事出席方可举行；董事会的决议必须经全体董事（而非出席会议）的过半数通过。

该题针对"股份有限公司的董事会、经理和监事会"知识点进行考核

17. 正确答案：AC

答案解析：本题考核上市公司组织机构的特别规定。根据规定，上市公司一年内购买重大资产金额超过公司资产总额的"30%"的，应当由股东大会作出决议，并经出席会议的股东所持表决权的2/3以上通过，上市公司应当设立董事会秘书主要负责股东大会和董事会会议的筹备、文件保管以及公司股权管理，办理信息披露事务等事宜。

该题针对"上市公司组织机构的特别规定"知识点进行考核

18. 正确答案：BC

答案解析：本题考核上市公司设立独立董事的规定。根据规定，担任独立董事应当符合下列基本条件：

①根据法律、行政法规及其他有关规定，具备担任上市公司董事的资格；②具有本《指导意见》所要求的独立性；③具备上市公司运作的基本知识，熟悉相关法律、行政法规、规章及规则；④具有5年以上法律、经济或者其他履行独立董事职责所必需的工作经验；⑤公司章程规定的其他条件。

该题针对“上市公司组织机构的特别规定”知识点进行考核

19. 正确答案：CD

答案解析：本题考核股票的分类。按照投资主体性质的不同，股票可以分为国有股、发起人股和社会公众股。

该题针对“股份有限公司的股份发行和转让”知识点进行考核

20. 正确答案：D

答案解析：根据规定，“同次发行”的同种类股票，每股的发行条件和价格应当相同，因此选项A的说法是错误的；公司发行的股票，可以为记名股票，也可以为无记名股票，因此选项C的说法是错误的。

该题针对“股份有限公司的股份发行和转让”知识点进行考核

21. 正确答案：AB

答案解析：本题考核董事、高级管理人员的职责及其责任。根据规定，董事、高级管理人员，不得未经股东会或者股东大会同意，利用职务便利为自己或者他人谋取属于公司的商业机会，自营或者为他人经营与所任职公司同类的业务。违反规定所得的收入应当归公司所有。

该题针对“公司董事、监事、高级管理人员的资格和义务”知识点进行考核

22. 正确答案：AB

答案解析：本题考核《公司法》的相关规定。根据规定，董事、高级管理人员不得兼任公司的监事，财务负责人属于高级管理人员，因此不能兼任公司监事；有限责任公司董事会由3人至13人组成，股份有限责任公司董事会由5人至19人组成。

该题针对“公司债券的有关规定，有限责任公司董事会、经理和监事会的有关规定”知识点进行考核

23. 正确答案：ABCD

答案解析：本题考核公司解散的原因。本题四个选项均属于人民法院应当予以受理的情形。

该题针对“公司的解散和清算”知识点进行考核

三、判断题

1. 正确答案：对

答案解析：本题考核公司的登记管理。根据规定，预先核准的公司名称在保留期内，不得用于从事经营活动，不得转让。

该题针对“公司登记事项及其设立登记”知识点进行考核

2. 正确答案：对

答案解析：本题考核点是滥用公司法人独立地位和股东有限责任。公司股东滥用公司法人独立地位和股东有限责任，逃避债务，严重损害公司债权人利益的，应当对公司债务承担连带责任。

该题针对“公司股东权利”知识点进行考核

3. 正确答案：错

答案解析：本题考核有限责任公司的注册资本。根据规定，有限责任公司的注册资本最低限额为人民币 3 万元，其中一人有限责任公司的注册资本最低限额为 10 万元，本题并不是一人有限责任公司。

该题针对“有限责任公司的设立”知识点进行考核

4. 正确答案：对

答案解析：本题考核有限责任公司股东会会议制度。本题的表述是正确的。

该题针对“有限责任公司股东会的有关规定”知识点进行考核

5. 正确答案：对

答案解析：本题考查有限责任公司的监事会主席的产生方式。本题的表述是正确的。

该题针对“有限责任公司股东会的有关规定”知识点进行考核

6. 正确答案：对

答案解析：本题考核国有独资公司的监督管理。以上的表述是符合规定的。

该题针对“国有独资公司的特别规定”知识点进行考核

7. 正确答案：错

答案解析：本题考核股东的优先购买权。股东对外转让出资，其他股东在同等条件下有优先购买权，其他股东自人民法院通知之日起 20 日不行使优先购买权的，视为放弃优先购买权。

该题针对“有限责任公司的股权转让”知识点进行考核

8. 正确答案：对

答案解析：本题考核创立大会的决议通过方式。创立大会对在职权内作出的决议，必须经出席会议的认股人所持表决权的过半数通过。

该题针对“股份有限公司的设立”知识点进行考核

9. 正确答案：错

答案解析：本题考核股东大会的相关规定。根据规定，股东大会应当对所议事项的决定作成会议记录，主持人、出席会议的董事应当在会议记录上签名。

该题针对“股份有限公司的股东大会”知识点进行考核

10. 正确答案：错

答案解析：本题考核点是股份有限公司董事会会议的有关规定。根据《公司法》的规定，股份有限公司的董事会开会时，董事应亲自出席，董事因故不能出席时，可以书面委托其他董事（而非他人）代为出席，但应在书面委托书中载明授权范围。

该题针对“股份有限公司的董事会、经理和监事会”知识点进行考核

11. 正确答案：错

答案解析：本题考核点是关联关系董事的表决权排除制度。本题 A 公司相对于 B

公司来说，无关联关系董事有 7 人（包括丙）。根据有关规定，上市公司董事会会议所作决议须经无关联关系董事过半数通过。本题情形有 4 名无关联关系董事同意，符合过半数的规定。

该题针对“上市公司组织机构的特别规定”知识点进行考核

12. 正确答案：错

答案解析：本题考核点是股份有限公司的股份转让。按照法律规定，公司不得接受本公司的股票作为质押权的标的。

该题针对“股份有限公司的股份发行和转让”知识点进行考核

13. 正确答案：对

答案解析：本题考核公司债券的转让。本题的说法是正确的。

该题针对“公司债券的有关规定”知识点进行考核

14. 正确答案：对

答案解析：本题考核公司债券的转让。本题的表述是正确的。

该题针对“公司债券的有关规定”知识点进行考核

15. 正确答案：对

答案解析：本题考核公司合并各方的债权债务承担，根据规定，合并各方的债权债务，应当由合并后存续的公司或是新设的公司承继。

该题针对“公司合并、分立、增资、减资的规定”知识点进行考核

16. 正确答案：对

答案解析：本题考核公司违反《公司法》的法律责任。根据规定，公司住所发生变动应办理变更登记，如未按规定办理有关变更登记的，公司登记机关应责令限期登记，逾期不登记的，公司登记机关应处 1 万元以上 10 万元以下的罚款；本题中的罚款数额是 12 万元，不符合法律的规定。

该题针对“违反《公司法》的法律责任”知识点进行考核

四、简答题

1. 正确答案：

（1）B 企业转让 A 公司股份的行为符合法律规定。根据《公司法》规定，发起人持有的本公司股份，自公司成立之日起 1 年内不得转让。公司公开发行股份前已发行的股份，自公司股票在证券交易所上市交易之日起 1 年内不得转让。2007 年 3 月 5 日不在两个时间限制内，故 B 企业可以将部分股份转让给 D 公司。

（2）A 公司董事会决议符合法律规定。根据《公司法》规定，董事会认为必要时可以提议召开临时股东大会；董事会行使的职权之一是制订公司增加或者减少注册资本以及发行公司债券的方案。所以本题中董事会的决议符合法律规定。

（3）首先，A 公司临时股东大会通过发行公司债券的决议符合法律规定。根据《公司法》规定，对发行公司债券作出决议属于股东大会的职权，股东大会决议经出席会议的股东所持表决权的过半数通过即可。其次，A 公司临时股东大会通过增选一名

公司董事的决议不符合法律规定。根据《公司法》规定，临时股东大会不得对通知中未列明的事项作出决议。

2. 正确答案：

(1) 股东乙有权提议召开临时股东会。根据规定，代表 1/10 以上表决权的股东，1/3 以上的董事，监事会或者不设监事会的公司的监事提议召开临时会议的，应当召开临时会议。

(2) 股东会对为 B 公司提供担保作出决议符合法律规定。根据规定，公司向其他企业投资或者为他人提供担保，按照公司章程的规定由董事会、股东会或者股东大会作出决议。

(3) 股东丁要求退出公司不符合法律规定。根据规定，有下列情形之一的，对股东会该项决议投反对票的股东可以请求公司按照合理的价格收购其股权，退出公司：①公司连续 5 年不向股东分配利润，而公司该 5 年连续赢利，并且符合公司法规定的分配利润条件的；②公司合并、分立、转让主要财产的；③公司章程规定的营业期限届满或者章程规定的其他解散事由出现，股东会会议通过决议修改章程使公司存续的。本题中，A 公司不具有上述情形。

3. 正确答案：

(1) A 不能接受委托代为行使表决权。根据规定，董事因故不能出席董事会会议的，可以书面委托其他董事代为出席。但 A 为监事，不是董事，不能代为行使表决权。

(2) 董事会会议记录存在不妥之处。根据规定，董事会会议记录，应由出席会议的董事在会议记录上签名，列席董事会会议的监事无须在会议记录上签名，而该公司列席董事会会议的监事在会议记录上签名，是不符合规定的。

(3) 股东大会会议作出由公司职工代表曹某代替公司职工代表赵某的决议不符合《公司法》的规定。根据《公司法》的规定，股份有限公司职工代表出任的监事不是由公司股东大会选举产生，而是由职工代表大会、职工大会或者其他民主形式选举产生。本题由公司股东大会选举职工代表出任监事是不符合规定的。

五、综合题

正确答案：

(1) 甲公司发行公司债券的计划合法。根据《证券法》规定，发行公司债券额最多不得超过公司净资产总额的 40%。本题中应为 4800 万元 (12000×40%)，但应减去未到期的债券 1200 万元。因此甲公司此次发行公司债券额最多不得超过 4800－1200＝3600 (万元)。

(2) 甲公司董事会通过的变更总经理的决议不合法。首先，根据《公司法》的规定，股份有限公司董事会作出决议，必须经全体董事的过半数通过。在本题中，只有 5 名董事表决通过，低于董事会全体董事 (11 人) 的半数。其次，根据《证券法》的规定，上市公司的董事、1/3 以上监事或者经理发生变动，属于重大事件，上市公司应当立即将有关情况向国务院证券监督管理机构和证券交易所提交临时报告，并予公告。

(3) 甲公司董事会通过的吸收合并丁公司的决议部分不合法。

首先，公司合并应由股东大会作出决议。

其次，在董事会通过的决议中的要点：

①根据规定，公司合并的，应当自作出合并决议之日起 10 日内通知债权人，并于 30 日内在报纸上公告；

②根据规定，公司合并的，应当自公告之日起 45 日后申请登记；

③根据规定，公司因合并而收购本公司股份后，应当在 6 个月内转让或者注销；

④丁公司原有的债权和债务均由甲公司承继合法。根据规定，公司合并时，合并各方的债权、债务，应当由合并后存续的公司或者新设的公司承继。

练习三详解

一、单项选择题

1. 正确答案：D

答案解析：本题考核合伙企业的有关规定。根据规定采用合伙制的律师事务所也适用《合伙企业法》的相关规定；合伙企业的合伙人可以是自然人、法人和其他的组织；外国个人在中国设立合伙企业的管理办法由国务院规定。

该题针对“合伙企业的概念和分类”知识点进行考核

2. 正确答案：B

答案解析：本题考核普通合伙企业登记的规定。合伙企业的营业执照签发日期，为合伙企业的成立日期。合伙企业领取营业执照前，合伙人不得以合伙企业名义从事合伙业务。

该题针对“普通合伙企业的设立和登记”知识点进行考核

3. 正确答案：D

答案解析：本题考核合伙企业事务执行和合伙企业财产转让。合伙人以房屋等不动产进行出资的，不用经过全体合伙人一致同意。

该题针对“合伙事务的执行”知识点进行考核

4. 正确答案：A

答案解析：本题考核合伙人执行合伙企业事务的权利。根据规定，合伙人不得自营或者同他人合作经营与本合伙企业相竞争的业务，因此选项 B 的说法是错误的；不执行合伙企业事务的合伙人有监督权，有权查阅合伙企业会计账簿，因此选项 C 的说法是错误的；合伙企业聘用的经营管理人员不是企业的合伙人，选项 D 的说法是错误的。

该题针对“合伙事务的执行”知识点进行考核

5. 正确答案：B

答案解析：本题考核普通合伙企业经营管理人员的相关规定。除合伙协议约定以外，经全体合伙人一致同意可以聘任合伙人以外的人员担任经营管理人员，所以合伙企业的经营管理人员可以不是合伙人，因此选项A错误，选项B正确；被聘任的经营管理人员不是合伙企业的合伙人，因而不具有合伙人的资格，故非合伙人的管理人并非对合伙企业的债务承担无限连带责任，所以选项D不正确。

该题针对“合伙事务的执行”知识点进行考核

6. 正确答案：A

答案解析：本题考核点是合伙损益分配原则。合伙企业的利润分配、亏损分担，按照合伙协议的约定办理；合伙协议未约定或者约定不明确的，由合伙人协商决定；协商不成的，由合伙人按照实缴出资比例分配、分担；无法确定出资比例的，由合伙人平均分配、分担。

该题针对“合伙企业的损益分配”知识点进行考核

7. 正确答案：B

答案解析：本题考核合伙人个人债务的清偿。根据规定，合伙人个人财产不足清偿其个人所负债务的，该合伙人只能以其从合伙企业中分取的收益用于清偿；债权人也可以依法请求人民法院强制执行该合伙人在合伙企业中的财产份额用于清偿。所以王六可依法请求人民法院强制执行张三在甲合伙企业的财产份额用于清偿。

该题针对“合伙企业的债务清偿与合伙企业的关系”知识点进行考核

8. 正确答案：C

答案解析：本题考核合伙企业当然退伙的情形。根据规定，合伙人有下列情形之一的，为当然退伙：①死亡或者被依法宣告死亡；②被依法宣告为无民事行为能力人；③个人丧失偿债能力；④被人民法院强制执行在合伙企业中的全部财产份额。

该题针对“合伙人的入伙与退伙”知识点进行考核

9. 正确答案：B

答案解析：本题考核合伙企业退伙结算规定。合伙人退伙的，其他合伙人应当与该退伙人按照退伙时的合伙企业的财产状况进行结算，退回退伙人的财产份额。本题三方约定按出资比例分配和分担损益，故其应退还的财产数额＝3 万元×2/5＝1.2 万元。

该题针对“合伙人的入伙与退伙”知识点进行考核

10. 正确答案：D

答案解析：本题考核特殊的普通合伙企业的有关规定。合伙企业法规定，特殊的普通合伙企业，一个合伙人或者数个合伙人在执业活动中因故意或者重大过失造成合伙企业债务的，应当承担无限责任或者无限连带责任，其他合伙人以其在合伙企业中的财产份额为限承担责任。合伙人在执业活动中非因故意或者重大过失造成的合伙企业债务以及合伙企业的其他债务，由全体合伙人承担无限连带责任。

该题针对“特殊的普通合伙企业”知识点进行考核

11. 正确答案：D

答案解析：本题考核有限合伙人的表见代理行为。根据规定，第三人有理由相信有限合伙人为普通合伙人并与其交易的，该有限合伙人对该笔交易承担与普通合伙人同样的责任。因此，选项D是正确的。

该题针对“有限合伙企业事务执行的特殊规定”知识点进行考核

二、多项选择题

1. 正确答案：BCD

答案解析：本题考核个人独资企业的特征。根据规定，个人独资企业不能独立承担民事责任，因此选项A的说法是错误的。

该题针对“个人独资企业的特征”知识点进行考核

2. 正确答案：AD

答案解析：本题考核个人独资企业的设立条件。根据规定，个人独资企业没有注册资本的限制，因此选项B是错误的；个人独资企业法律没有规定制定企业章程，因此选项C是错误的。

该题针对“个人独资企业的设立条件及程序”知识点进行考核

3. 正确答案：BD

答案解析：本题考核个人独资企业事务管理的相关规定。①选项A、选项C涉及的行为有效：投资人对受托人职权的限制，不得对抗善意第三人；②选项B、选项D：未经投资人同意，受托人不得同本企业进行交易或者将企业商标转让。

该题针对“个人独资企业的事务管理”知识点进行考核

4. 正确答案：ABCD

答案解析：本题考核个人独资企业经营管理人员的职权限制。根据规定，个人独资企业投资人聘用的管理人员，未经投资人同意，不得从事与本企业相竞争的业务；不得同本企业订立合同或者进行交易；不得擅自将企业商标或者其他知识产权转让给他人使用。

该题针对“个人独资企业的事务管理”知识点进行考核

5. 正确答案：BCD

答案解析：本题考核个人独资企业解散的情形。根据《个人独资企业法》的规定，个人独资企业有下列情形之一时，应当解散：投资人决定解散；投资人死亡或者被宣告死亡，无继承人或者继承人决定放弃继承；被依法吊销营业执照；法律、行政法规规定的其他情形。所以答案是BCD。

该题针对“个人独资企业解散的情形”知识点进行考核

6. 正确答案：ACD

答案解析：本题考核合伙企业中合伙人出质的限制。根据《合伙企业法》的规定，合伙人以其财产份额出质的，必须经其他合伙人的一致同意；未经其他合伙人一致同意，其行为无效，由此给善意第三人造成损失的，由行为人依法承担赔偿责任。

该题针对“合伙企业的财产”知识点进行考核

7. 正确答案：BD

答案解析：本题考核点是合伙企业对外代表权的限制。(1) 合伙人执行合伙事务的内部限制必须以第三人知道这一情况为条件，否则，该内部限制不对该第三人发生抗辩力。(2) 当执行合伙事务的合伙人给善意第三人造成损失时，合伙企业不能因为有对合伙人执行合伙事务以及对外代表合伙企业权利的限制而拒绝向善意第三人承担责任。

该题针对“合伙企业对外代表权的效力”知识点进行考核

8. 正确答案：AB

答案解析：本题考核合伙人入伙的规定。根据《合伙企业法》规定新合伙人入伙时，除合伙协议另有约定外，应当经全体合伙人一致同意，并依法订立书面入伙协议。订立入伙协议时，原合伙人应当向新合伙人告知原合伙企业的经营状况和财务状况。根据《合伙企业法》，入伙的新合伙人对入伙前的该合伙企业的债务承担无限连带责任。因此选项A、选项B是正确答案。

该题针对“合伙人的入伙与退伙”知识点进行考核

9. 正确答案：ACD

答案解析：本题考核有限合伙企业的有关规定。有限合伙企业由2个以上50个以下合伙人设立，所以选项A不正确；有限合伙人不可以以劳务出资，所以选项C不正确；有限合伙企业名称中应该标明“有限”等字样，但是不可以标明“有限公司”、“有限责任公司”等字样，所以选项D不正确。

该题针对“有限合伙企业的概念和设立”知识点进行考核

10. 正确答案：BCD

答案解析：本题考核有限伙人不视为执行合伙事务的情形。有限合伙人不执行合伙事务，不得对外代表有限合伙企业。有限合伙人的下列行为，不视为执行合伙事务：①参与决定普通合伙人入伙、退伙；②对企业的经营管理提出建议；③参与选择承办有限合伙企业审计业务的会计师事务所；④获取经审计的有限合伙企业财务会计报告；⑤对涉及自身利益的情况，查阅有限合伙企业财务会计账簿等财务资料；⑥在有限合伙企业中的利益受到侵害时，向有责任的合伙人主张权利或者提起诉讼；⑦执行事务合伙人怠于行使权利时，督促其行使权利或者为了本企业的利益以自己的名义提起诉讼；⑧依法为本企业提供担保。

该题针对“有限合伙企业事务执行的特殊规定”知识点进行考核

11. 正确答案：ABCD

答案解析：本题考核有限合伙人不视为执行事务的情形。以上四项均不视为有限合伙人执行企业事务。

该题针对“有限合伙企业事务执行的特殊规定”知识点进行考核

12. 正确答案：BCD

答案解析：本题考核点是有限合伙人退伙的特殊规定。作为有限合伙人的自然人在有限合伙企业存续期间丧失民事行为能力的，其他合伙人不得因此要求其退伙。

该题针对“有限合伙企业的入伙与退伙”知识点进行考核

13. 正确答案：ABCD

答案解析：本题考核合伙企业解散和清算的有关规定。以上的说法均正确。

该题针对“合伙企业的解散和清算”知识点进行考核

三、判断题

1. 正确答案：错

答案解析：本题考核个人独资企业的特征。个人独资企业并不等同于个体工商户，两者在适用法律方面、投资人方面、承担责任方面和企业形态方面都有明显的区别。

该题针对“个人独资企业的特征”知识点进行考核

2. 正确答案：错

答案解析：本题考核合伙企业事务管理。合伙企业对合伙人执行合伙企业事务以及对外代表合伙企业权利的限制，不得对抗不知情的善意第三人。在本题中，尽管合伙人甲超越了合伙企业的内部限制，但丁公司为善意第三人，因此甲以合伙企业名义与丁公司所签的代销合同有效。

该题针对“个人独资企业的事务管理”知识点进行考核

3. 正确答案：错

答案解析：本题考核个人独资企业投资人的权利。根据《个人独资企业法》规定，未经投资人同意，企业事务管理人不得擅自将企业商标或者其他知识产权转让给他人使用。

该题针对“个人独资企业的事务管理”知识点进行考核

4. 正确答案：错

答案解析：本题考核普通合伙企业财产的转让。合伙企业合伙人之间转让其在合伙企业中的全部或者部分财产份额时，无须征得其他合伙人的同意，但应当通知其他合伙人。

该题针对“合伙企业的财产”知识点进行考核

5. 正确答案：错

答案解析：本题考核合伙企业事务执行的办法。根据规定，合伙人对合伙企业有关事项作出决议，按照合伙协议约定的表决办法办理。合伙协议未约定或者约定不明确的，实行合伙人一人一票并经全体合伙人过半数通过的表决办法。

该题针对“合伙事务的执行”知识点进行考核

6. 正确答案：错

答案解析：本题考核合伙企业的债务清偿。合伙企业的债务，应先由合伙企业的财产来承担，即在合伙企业存在自己的财产时，合伙企业的债权人应首先从合伙企业的全部财产中求偿，而不应当向合伙人个人直接请求债权。

该题针对“合伙企业的债务清偿与合伙人的关系”知识点进行考核

7. 正确答案：对

答案解析：本题考核有限合伙企业事务执行的规定。根据规定，有限合伙人是不能执行合伙企业事务的，但参与选择承办有限合伙企业审计业务的会计师事务所不视为执行合伙事务。

该题针对“有限合伙企业事务执行的特殊规定”知识点进行考核

8. 正确答案：错

答案解析：本题考核合伙人财产份额的出质规定。根据规定，有限合伙人可以将其在有限合伙企业中的财产份额出质；但是，合伙协议另有约定的除外；普通合伙人以财产份额出质的，须经其他合伙人一致同意；未经其他合伙人一致同意，其行为无效，由此给善意第三人造成损失的，由行为人依法承担赔偿责任。

该题针对“有限合伙企业财产出质与转让和债务清偿的特殊规定”知识点进行考核

9. 正确答案：错

答案解析：根据规定，有限合伙人转变为普通合伙人，对其作为有限合伙人期间有限合伙企业发生的债务承担无限连带责任。

该题针对“合伙人性质转变的特殊规定”知识点进行考核

四、简答题

1. 正确答案：

(1) ①甲的主张不能成立。根据《合伙企业法》的规定，退伙人对其退伙前已发生的债务与其他合伙人承担连带责任，故甲对其退伙前发生的银行贷款应负连带清偿责任。

②乙的主张不能成立。根据《合伙企业法》的规定，合伙人之间对债务承担份额的约定对债权人没有约束力，故乙提出应按约定比例清偿债务的主张不能成立，其应对银行贷款承担连带清偿责任。

③丙的主张不能成立。根据《合伙企业法》的规定，以劳务出资成为合伙人，也应承担合伙人的法律责任，故丙也应对银行贷款承担连带清偿责任。

④丁的主张不能成立。根据《合伙企业法》的规定，入伙的新合伙人对入伙前的债务承担连带清偿责任，故丁对其入伙前发生的银行贷款应负连带清偿责任。

(2) 根据《合伙企业法》的规定，合伙企业所欠银行贷款首先应用合伙企业的财产清偿，合伙企业财产不足清偿时，由各合伙人承担无限连带责任。乙、丙、丁在合伙企业解散时，未清偿债务便分配财产，是违法无效的，应全部退还已分得的财产；退还的财产应首先用于清偿银行贷款，不足清偿的部分，由甲、乙、丙、丁承担无限连带清偿责任。

(3) 根据《合伙企业法》的规定，合伙企业各合伙人在其内部是依合伙协议约定承担按份责任的。据此，甲因已办理退伙结算手续，结清了对合伙企业的财产债务关系，故不再承担内部清偿份额；如在银行的要求下承担了对外部债务的连带清偿责任，则可向乙、丙、丁追偿。乙、丙、丁应按合伙协议的约定分担清偿责任；乙、丙、丁任何一人实际支付的清偿数额超过其应承担的份额时，有权就其超过的部分，向其他未支付或未足额支付应承担份额的合伙人追偿。

2. 正确答案：

(1) 甲的说法不正确。根据规定，一个合伙人或者数个合伙人在执业活动中因故意或者重大过失造成合伙企业债务的，应当承担无限责任或者无限连带责任，其他合伙人以其在合伙企业中的财产份额为限承担责任。本题中，由于甲是因为重大过失造成的损失，因此应该由其承担无限责任，其他合伙人承担有限责任。

(2) 对于乙造成的损失，应该由全体合伙人承担无限连带责任。根据规定，合伙人在执业活动中非因故意或者重大过失造成的合伙企业债务以及合伙企业的其他债务，由全体合伙人承担无限连带责任。本题中，乙的行为被认定为非重大过失，因此该造成的损失应该由全体合伙人承担无限连带责任。

五、综合题

正确答案：

(1) A企业合伙人的出资方式不符合《合伙企业法》的规定。根据规定，有限合伙企业的有限合伙人不得以劳务出资。本题A企业是有限合伙企业，作为有限合伙人的丙公司以劳务出资，是不符合规定的。

(2) 有关A企业合伙事务执行的约定符合《合伙企业法》的规定。根据规定，有限合伙企业由普通合伙人执行合伙事务，有限合伙人不执行合伙事务，不得对外代表有限合伙企业。本题由作为普通合伙人的甲和乙执行合伙事务，作为有限合伙人的丙公司不执行A企业的合伙事务，是符合规定的。

(3) A企业与B公司的交易行为，丙公司应承担与甲和乙同样的责任。根据规定，第三人有理由相信有限合伙人为普通合伙人的名义并与其交易的，该有限合伙人对该笔交易承担与普通合伙人同样的责任。本题丙公司持有A企业的授权委托书并以普通合伙人的身份与B公司签订合同，B公司有理由相信有限合伙人为普通合伙人的名义并与其交易的，丙公司对该笔交易并不是仅以其认缴的出资额为限对合伙企业债务承担责任，而是与甲和乙一样，承担无限连带责任。

(4) 丙公司将其在A企业中的财产份额出质的行为是符合《合伙企业法》规定的。根据规定，有限合伙人可以将其在有限合伙企业中的财产份额出质，但合伙协议另有约定的除外。本题A企业合伙协议中并无有限合伙人将其在有限合伙企业中的财产份额出质的特别约定，有限合伙人丙公司的财产份额出质的行为是符合《合伙企业法》规定的。

(5) 丙公司与A企业的交易行为符合《合伙企业法》的规定。根据规定，有限合伙人可以同本企业进行交易，但合伙协议另有约定的除外。本题A企业合伙协议中并没有限制或禁止有限合伙人与本企业进行交易的特别约定。作为有限合伙人的丙公司与A企业进行交易是符合规定的。

(6) 首先，丙公司对在其退伙前A企业的债务，以其退伙时从有限合伙企业中取回的财产承担责任。根据规定，有限合伙人退伙后，对基于其退伙前的原因发生的有限合伙企业债务，以其退伙时从有限合伙企业中取回的财产承担责任。其次，D公司入伙后对其入伙前合伙企业的债务，以其认缴的出资额为限承担责任。根据规定，新入伙的有限合伙人对入伙前有限合伙企业的债务，以其认缴的出资额为限承担责任。

练习四详解

一、单项选择题

1. 正确答案：B

答案解析：本题考核外商投资企业的投资项目。选项ACD都属于限制类外商投资项目。

该题针对"外商投资企业的投资项目"知识点进行考核

2. 正确答案：B

答案解析：本题考核境内企业并购后债权债务的承担。根据规定，外国投资者资产并购的，出售资产的境内企业承担其原有的债权和债务。即应由B境内企业享有和承担。

该题针对"外商投资企业并购境内企业的原则和要求"知识点进行考核

3. 正确答案：A

答案解析：本题考核外国投资者出资比例低于25%的特殊规定。根据规定，外国投资者并购境内企业设立外商投资企业，外国投资者出资比例低于25%的，投资者以现金出资的，应自外商投资企业营业执照颁发之日起3个月内缴清。本题外国投资者的出资比例为24%，其出资的现金应在营业执照颁发之日起3个月内缴清。

该题针对"外商投资企业并购境内企业的注册资本与投资总额"知识点进行考核

4. 正确答案：C

答案解析：本题考核外商投资企业的出资期限。对通过收购国内企业资产或股权设立外商投资企业的外国投资者，应自营业执照颁发之日起3个月内支付全部购买金。对特殊情况需延长支付者，经审批机关批准后，应自营业执照颁发之日起6个月内支付购买总金额的60%以上，在1年内付清全部购买金。因此，至少还应支付：180×60%－30＝78（万美元）。

该题针对"外商投资企业并购境内企业的注册资本与投资总额"知识点进行考核

5. 正确答案：B

答案解析：本题考核中外合资经营企业的出资方式。根据《中外合资经营企业法》的规定，外国合营者以货币出资时，只能以外币缴付出资，不能以人民币缴付出资。因此，选项A是错误的；劳务出资是合伙企业特有的出资方式，因此选项C是错误的；合营各方缴纳的出资，必须是未设立任何担保物权的建筑物、厂房、机器设备或者其他物料、工业产权、专有技术等。因此选项D是错误的。

该题针对“中外合资经营企业出资方式”知识点进行考核

6. 正确答案：A

答案解析：本题考核合营企业的组织机构的规定。中外合资经营企业的最高权力机构为董事会，不设股东会，也不设监事会，所以选项B不正确；中外合资经营企业董事会会议应有2/3以上董事出席方能举行，所以选项C不正确；中外合资经营企业董事会董事的任期为4年，所以选项D不正确。

该题针对“中外合资经营企业组织形式和组织机构”知识点进行考核

7. 正确答案：C

答案解析：本题考核中外合作经营企业的相关规定。根据规定，外商投资企业的出资方式有现金、实物、土地使用权、工业产权和非专利技术、其他财产权利。该合作企业的出资方式合法；外方的出资占总出资额的60%，已符合外方出资占总出资额25%比例的法律规定；合作企业的外方投资者，法律允许其先行回收投资，但合作期满后，企业全部固定资产无偿归中方合作者所有，可见，该合作企业合同内容合法有效，并且合作企业的法人资格，法律规定具有选择性，所以选项C正确。

该题针对“中外合作经营企业的设立、注册资本与投资、合作条件”知识点进行考核

8. 正确答案：D

答案解析：本题考核中外合作经营企业的组织形式和组织机构的规定。合作企业的组织形式可以是有限责任公司，也可以是一种合伙关系；具备法人资格的合作企业，设立董事会，而不具备法人资格的合作企业，则设立联合管理委员会；合作企业的董事长，由合作企业章程规定。

该题针对“中外合作经营企业组织形式和组织机构”知识点进行考核

9. 正确答案：A

答案解析：本题考核外资企业注册资本的相关规定。①外资企业将其财产或者权益对外抵押、转让，须经审批机关批准，并向工商行政管理机关备案；②外资企业有正当理由要求延期出资的，也应经审批机关批准，并向工商行政管理机关备案；③外资企业注册资本的增加、转让，须经审批机关批准，并向工商行政管理机关办理变更登记手续，而不是向工商行政管理机关备案。

该题针对“外资企业的设立、注册资本与外国投资者的出资”知识点进行考核

10. 正确答案：D

答案解析：本题考核外资企业的出资期限。外资企业的外国投资者可以分期缴付出资，但最后一期出资应当在营业执照签发之日起3年内缴清。

该题针对“外资企业的设立、注册资本与外国投资者的出资”知识点进行考核

11. 正确答案：C

答案解析：本题考核外资企业终止的规定。外资企业如存在经营不善，严重亏损，

外国投资者决定解散；因自然灾害、战争等不可抗力而遭受严重损失，无法继续经营，或是破产的情形，应当自行提交终止申请书，报审批机关核准。审批机关作出核准的日期为企业的终止日期。

该题针对“外资企业的经营期限、终止和清算”知识点进行考核

12. 正确答案：C

答案解析：本题考核中外合资经营企业和中外合作经营企业的区别。根据规定，合营企业和合作企业的外方可以是个人，中方必须是公司、企业或者其他组织，因此选项A的说法错误；除合作企业合同另有约定外，合作企业以其投资或者提供的合作条件为限承担有限责任，因此选项B的说法是错误的；盈亏分配上，合作企业属于契约式企业，通过签订合同具体确定各方的权利和义务，因此选项D的说法是错误的。

二、多项选择题

1. 正确答案：ABCD

答案解析：本题考核外国投资者股权并购境内企业的规定。根据规定，外国投资者并购境内企业设立外商投资企业，外国投资者应自外商投资企业营业执照颁发之日起“3个月”内向转让股权的股东，或出售资产的境内企业支付全部对价。对特殊情况需要延长者，经审批机关批准后，应自外商投资企业营业执照颁发之日起6个月内支付全部对价的60%以上，1年内付清全部对价，并按实际缴付的出资比例分配收益。本题中甲购买的是股权，所以这是股权并购。

该题针对“外商投资企业并购境内企业的注册资本与投资总额”知识点进行考核

2. 正确答案：BD

答案解析：本题考核反垄断审查中，境外并购的并购方报送并购方案的情形。境外并购有下列情形之一的，并购方应在对外公布并购方案之前或者报所在国主管机构的同时，向商务部和国家工商行政管理总局报送并购方案。商务部和国家工商行政管理总局应审查是否存在造成境内市场过度集中，妨害境内正当竞争、损害境内消费者利益的情形，并做出是否同意的决定：①境外并购一方当事人在我国境内拥有资产30亿元人民币以上；②境外并购一方当事人当年在中国市场上的营业额15亿元人民币以上；因此选项A不符合规定，选项B正确；③境外并购一方当事人及与其有关联关系的企业在中国市场占有率已经达到20%；④由于境外并购，境外并购一方当事人及与其有关联关系的企业在中国的市场占有率达到25%；因此选项C不符合规定，选项D正确；⑤由于境外并购，境外并购一方当事人直接或间接参股境内相关行业的外商投资企业将超过15家。

该题针对“反垄断审查”知识点进行考核

3. 正确答案：BCD

答案解析：本题考核外国合营者以工业产权或者专有技术作价出资的条件。作为外国合营者出资的工业产权或者专有技术，必须符合下列条件之一：①能显著改

进现有产品的性能、质量，提高生产效率的；②能显著节约原材料、燃料、动力的。

该题针对"中外合资经营企业出资方式"知识点进行考核

4. 正确答案：BCD

答案解析：本题考核外商投资企业出资期限的规定。本题考核外国投资者收购国内资产购买金的支付期限。对通过收购国内企业资产或股权设立外商投资企业的外国投资者，应自外商投资企业《营业执照》颁发之日起 3 个月内支付全部购买金。对特殊情况需延长支付者，经审批机关批准后，应自《营业执照》颁发之日起 6 个月内支付购买总金额的 60%以上，在 1 年内付清全部购买金，并按实际缴付的出资额的比例分配收益。①选项 A：符合规定；②选项 B：前 6 个月支付的比例低于 60%；③选项 C：总期限超过了 1 年；④选项 D：前 6 个月支付的比例为 0。

该题针对"中外合资经营企业出资期限"知识点进行考核

5. 正确答案：BCD

答案解析：本题考核中外合资经营企业出资额转让的相关规定。根据规定，合营企业出资额的转让必须具备如下条件，才能具有法律效力：转让须经合营各方同意；转让须经董事会会议通过后，报原审批机关批准；合营一方转让其全部或部分出资额时，合营他方有优先购买权。合营一方向第三者转让出资额的条件，不得比向合营他方转让的条件优惠。因此选项 A 不符合规定。

该题针对"中外合资经营企业出资额的转让"知识点进行考核

6. 正确答案：BD

答案解析：本题考核合营企业的需要审批机构批准的事项。①选项 A：利润分配，是董事会的职权；②选项 B：合营企业因投资总额和生产经营规模等发生变化，确需减少注册资本的，须经审批机关批准；③选项 C：合营企业聘任总经理属于董事会的职权，无须经审批机关的批准；④选项 D：合营一方向第三者转让其全部或者部分出资时，须经合营他方同意，并报审批机构批准，向登记管理机构办理变更登记手续。

该题针对"中外合资经营企业组织形式和组织机构"知识点进行考核

7. 正确答案：ABCD

答案解析：本题考核中外合作经营企业一致通过决议的事项。选择 ABCD 都是符合的。

该题针对"中外合作经营企业组织形式和组织机构"知识点进行考核

8. 正确答案：ABCD

答案解析：本题考核中外合作经营企业先行回收投资的规定。根据《中外合作经营企业法》的规定，外国合作者在合作期限内先行回收投资，应当符合下列法定条件：①中外合作者在合作企业合同中约定合作期满时，合作企业的全部固定资产无偿归中国合作者所有；②对于税前回收投资的，必须向财政税务机关提出申请，并由财政税务机关依法审查批准；③中外合作者应当依照有关法律的规定和合作企业合同的约定，对合作企业的债务承担责任；④外国合作者提出先行回收投资的申请，应当具体说明先行回收投资的总额、期限和方式，经财政税务机关审查同意后，报审查批准机关审批；⑤外国合作者应当在合作企业的亏损弥补之后，才能先行回收投资。

该题针对“中外合作经营企业的经营管理”知识点进行考核

9. 正确答案：ABCD

答案解析：本题考核外商投资企业经营期限的相关规定。以上选项均符合规定。

10. 正确答案：AB

答案解析：本题考核合营企业和合作企业的区别。合营企业外方投资比例一般不得低于注册资本的25%，具备法人资格的合作企业，外方投资比例一般也不得低于注册资本的25%，对于不具备法人资格的合作企业，没有25%的规定，因此选项A的说法是错误的；盈亏分配上，合作企业属于契约式企业，通过签订合同来具体确定，因此选项B的说法是错误的。

三、判断题

1. 正确答案：对

答案解析：本题考核中外合资经营企业场地使用权的作价。中国合营者以场地使用权作为合营企业经营期间的出资，其作价金额应当与取得同类场地使用权所应缴纳的使用费相同。

该题针对“中外合资经营企业出资方式”知识点进行考核

2. 正确答案：错

答案解析：本题考核中外合资经营企业出资额转让的规定。根据规定，合营一方向第三者转让其全部或者部分出资时，须经合营他方同意，并报审批机构批准，向登记管理机构办理变更登记手续。合营一方转让其全部或者部分出资时，合营他方有优先购买权。合营一方向第三者转让出资的条件，不得比向合营他方转让的条件优惠。违反上述规定的，其转让行为无效。

该题针对“中外合资经营企业出资额的转让”知识点进行考核

3. 正确答案：对

答案解析：本题考核合作企业的组织机构。以上的表述是正确的。

该题针对“中外合作经营企业组织形式和组织机构”知识点进行考核

4. 正确答案：错

答案解析：本题考核中外合作经营企业的利润分配。中外合作经营企业应按合作合同约定的比例分配利润和承担亏损。因此，本题并不违反法律规定。

该题针对“中外合作经营企业组织形式和组织机构”知识点进行考核

5. 正确答案：错

答案解析：本题考核外资企业的工业产权、专有技术作价出资的比例规定。根据规定，外资企业的外国投资者以工业产权、专有技术作价出资的，该工业产权、专有技术的作价金额不得超过外资企业注册资本的“20%”。

该题针对“外资企业的设立、注册资本与外国投资者的出资”知识点进行考核

6. 正确答案：错

答案解析：本题考核外资企业的组织形式。根据规定，外资企业的组织形式为有限责任公司，经批准也可以为其他责任形式。

该题针对“外资企业的组织形式和组织机构”知识点进行考核

7. 正确答案：错

答案解析：本题考核董事的任期。根据规定，中外合资经营企业董事任期“为”4年，可以连任；中外合作经营企业董事的每届任期“不得超过3年”。

该题针对“中外合资经营企业组织形式和组织机构，中外合作经营企业组织形式和组织机构”知识点进行考核

四、简答题

1. 正确答案：

(1) 韩方在注册资本中的比例不符合规定。根据《中外合资经营企业法》的有关规定，“在合营企业注册资本中，外国合营者的投资比例一般不低于25%。”本题中，该中外合资企业中，韩方在注册资本中所占的比例为20%（40/200），低于这一标准，因而韩方应追加投资。

(2) 注册资本在投资总额中的比例不符合规定。法律规定，投资总额在300万美元以上至1000万美元（含1000万美元）的，注册资本至少应占投资总额的1/2，其中投资总额在420万美元以下的，注册资本不得低于210万美元。

(3) 韩方第一次出资的比例不符合规定。根据规定，外商投资企业分期出资的，双方第一期出资必须不少于出资额的15%。另外，双方约定在营业执照签发之日6个月内缴清第一期出资不符合规定，根据规定，双方第一期出资应该在营业执照签发之日起3个月内缴清。

(4) 合营各方协商确定，董事长和副董事长均由中方人员担任不符合法律规定。根据规定，中外合营者的一方担任董事长的，由他方担任副董事长。

(5) 合营合同没有约定经营期限是不符合规定的。根据规定，外商投资举办的服务性行业，如饭店、公寓、写字楼、娱乐等，应当按照规定在合营合同中约定合营企业的经营期限。

2. 正确答案：

(1) 合营企业协议中，以下为不合法的内容：

①注册资本占投资总额的比例不正确。根据规定，合营企业的投资总额在300万美元以上至1000万美元的，注册资本应占投资总额的1/2以上，所以本题的注册资本不应少于450万美元。

②注册资本中外方出资的比例不合法。根据规定，中外合资经营企业中，外方的出资比例不应低于注册资本的25%。本题中，外方的出资比例低于25%。

③第一期的出资时间和比例错误。分期出资的，合营各方第一期出资不得低于各自认缴出资额的15%，并且自营业执照颁发之日起3个月内缴清。

外方最后一期出资的时间不正确。根据规定，合营企业注册资本为 300 万～1000 万美元，在分期出资情况下，各方投资者的最后一期出资必须自营业执照签发之日起 3 年内缴清。

(2) 外方私自向第三方转让出资的行为不符合法律规定。根据法律规定，合营一方向第三方转让其全部或部分出资的，须经合营他方同意，并报审批机构批准，向登记机关办理变更登记手续。

(3) 此次董事会的召开和决议均不符合法律规定。根据规定，必须有 1/3 以上的董事提议，方能召开临时董事会；且应有 2/3 以上的董事出席会议。合营企业修改公司章程须经出席会议的董事一致通过方为有效。在以上方面，此次会议均未达到法定的比例标准要求。

3. 正确答案：

(1) 外方合营者向丙公司转让股份的行为不符合法律规定。根据规定，合营一方向第三方转让其全部或部分出资的，须经合营他方同意，并报审批机构批准，向登记机关办理变更登记手续。

(2) 外方投资者不同意设总会计师的观点不符合法律规定。根据规定，合营企业应设总会计师，协助总经理负责企业的财务会计工作。

(3) 董事会的召开不符合法律规定。根据规定，合营企业召开临时董事会必须有 1/3 以上的董事提议，且应有 2/3 以上的董事出席会议。

(4) 外方投资者提出方案中，有以下内容不合法：①外方拟定每年先行收回投资的支出部分计入合作企业成本错误。外方合作者只有在合作企业的亏损弥补后，方能收回投资；②合作期满固定资产的处理方式错误。凡约定外方合作者在合作期内先行收回投资的，合作期满后，合作企业的固定资产应无偿归中方投资者所有。

五、案例分析题

正确答案：

(1) 在合资企业投资总额和股本比例不变的前提下，注册资本数额不符合法律规定。依照有关法律规定，投资总额在 300 万美元以上，420 万美元以下的，注册资本不得低于 210 万美元，按最低注册资本要求，该合资企业注册资本应为 210 万美元。按外方占总股本 51%比例计算，其出资额应为 107.1 万美元，中方占总股本的 49%比例计算，中方出资额应为 102.9 万美元。

(2) 中方分期缴付出资的安排符合法律规定，外方分期缴付出资的安排则有不符合规定之处。根据有关规定，合营各方分期出资的，第一次出资不得低于各自认缴出资额的 15%，并且应从合资企业注册登记之日起 3 个月内缴纳，而外方第一次出资额未达到其认缴出资额的 15%，因此不符合规定。

(3) 约定外方先行回收投资的方式不符合规定。根据规定，只有中外合作经营企业才可以先行回收投资，该公司是中外合资经营企业，因此不允许先行回收投资。

(4) 该公司的组织形式是符合规定的。根据规定，中外合资经营企业的组织形式为有限责任公司。

（5）该公司的组织机构不符合规定。根据规定，中外合资经营企业不设立股东会和监事会，以董事会为公司的最高权力机构。

（6）首先，董事会成员人数符合规定。根据规定，中外合资经营企业董事会人数不得少于3人；其次，董事的任期不符合规定。根据规定，中外合资经营企业董事任期为4年；最后，董事长的任职不符合规定。根据规定，中外合资经营企业中外合营者的一方担任董事长的，由他方担任副董事长。本题的董事长和副董事长由外方担任是不符合规定的。

练习五详解

一、单项选择题

1. 正确答案：B

答案解析：本题考核《合同法》的适用范围。婚姻（婚姻法）、收养（收养法）、监护（民法通则）等有关身份关系的协议，不适用《合同法》的规定。融资租赁合同属于《合同法（分则）》列明的有名合同。中华人民共和国境内的企业、个体经济组织、民办非企业单位等组织与劳动者之间，以及国家机关、事业单位、社会团体和与其建立劳动关系的劳动者之间建立劳动关系，订立、履行、变更、解除或者终止劳动合同，适用《劳动合同法》。

2. 正确答案：A

答案解析：本题考核合同的履行。根据规定，当事人对合同价款约定不明确，不能达成补充协议的，也不能按合同有关条款或者交易习惯确定，又没有政府定价或指导价可供参照时，按照订立合同时履行地的市场价格履行。

3. 正确答案：D

答案解析：本题考核担保法律制度。债务人亲自向原担保人提供反担保的，保证不得作为反担保方式；选项A错误。连带责任保证的债权人可以将债务人或者保证人作为被告提起诉讼，也可以将债务人和保证人作为共同被告提起诉讼；选项B错误。董事、高级管理人员违反公司章程的规定，未经股东会、股东大会或者董事会同意，以公司财产为他人提供担保的，担保合同无效，选项C错误。

4. 正确答案：B

答案解析：本题考核主合同变更后，保证人的责任承担。根据规定，债权人与债务人对主合同数量、价款、币种、利率等内容作了变动，未经保证人同意的，如果减轻债务人的债务的，保证人仍应当对变更后的合同承担保证责任；如果加重债务人的债务的，保证人对加重的部分不承担保证责任。本题主合同的变更加重了甲企业的债务，因此保证人对加重的20万元不承担保证责任，但仍应对原先的100万元承担保证责任。

5. 正确答案：A

答案解析：本题考核点是保证责任。被担保的债权既有物的担保又有人的担保的，债务人不履行到期债务或者发生当事人约定的实现担保物权的情形，债权人应当按照约定实现债权；没有约定或者约定不明的，如果保证与债务人提供的物的担保并存，则债权人先就债务人提供的物的担保求偿。

6. 正确答案：B

答案解析：本题考核保证期间的确定。保证人与债权人未约定保证期间的，保证期间为主债务履行期届满之日起 6 个月。

7. 正确答案：D

答案解析：本题考核抵押权的设立。根据规定，当事人以法律规定的需要办理抵押物登记的财产作抵押的，应当向有关部门办理抵押物登记，抵押权自登记之日起设立。而房屋则属于法律规定应当予以登记的抵押物。

8. 正确答案：B

答案解析：本题考核质权的设立时间。根据规定，以汇票、支票、本票、债券、存款单、仓单、提单出质的，当事人应当订立书面合同。质权自权利凭证交付质权人时设立；没有权利凭证的，质权自有关部门办理出质登记时设立。

9. 正确答案：A

答案解析：本题考核留置权中债权人要求债务人履行债务的期限。根据规定，债权人和债务人应当在合同中约定，债权人留置财产后，债务人应当在 2 个月的期限内履行债务。

10. 正确答案：D

答案解析：本题考核定金数额的限制。根据规定，定金担保合同中，定金的数额由当事人约定，但不得超过主合同标的额的 20%。

11. 正确答案：C

答案解析：本题考核违约责任。当事人约定的违约金超过造成损失的 30%的，一般可以认定为“过分高于造成的损失”。

12. 正确答案：D

答案解析：本题考核违约责任的承担。①选项 A：20 万元的定金本来就是乙的，如果请求甲双倍返还定金 40 万元，对甲的惩罚只有 20 万元；②选项 B：20 万元的定金本来就是乙的，只请求甲支付违约金 30 万元，相当于对甲的惩罚只有 10 万元；③选项 C：定金罚则、违约金不能并用。

13. 正确答案：C

答案解析：本题考核买卖合同中标的物的所有权转移时间。对于当事人没有规定的，标的物的所有权自标的物交付时起转移，有规定的，适用规定。

14. 正确答案：C

答案解析：本题考核附义务的赠与。张某将自己的自行车赠与李某，同时要求李某给其捎带生活必需品，是附义务的赠与行为；自行车刹车不灵是赠与的财产有瑕疵。根据规定，赠与的财产有瑕疵的，赠与人在附义务的限度内承担与出卖人相同的责任。

15. 正确答案：C

答案解析：本题考核借款合同中利息的计算。借款人提前偿还借款的，除当事人另有约定的以外，应当按照实际借款的期间计算利息。

16. 正确答案：B

答案解析：本题考核租赁合同与期限有关的规定。租赁合同的租赁期限在 6 个月以上的，合同必须采用书面形式，当事人未采用书面形式的，视为不定期租赁。

17. 正确答案：B

答案解析：本题考核融资租赁合同的概念。融资租赁合同是出租人根据承租人对出卖、租赁物的选择，向出卖人购买租赁物，提供给承租人使用，承租人支付租金的合同。

18. 正确答案：A

答案解析：本题考核承运合同中承运人的义务。根据规定，承运人对运输过程中货物的毁损、灭失承担损害赔偿责任。

19. 正确答案：A

答案解析：本题考核技术开发合同中技术成果的权利归属。合作开发完成的发明创造，除当事人另有约定的以外，申请专利的权利属于合作开发的当事人共有。合作开发的当事人一方不同意申请专利的，另一方或者其他各方不得申请专利。

20. 正确答案：A

答案解析：本题考核行纪合同的相关规定。根据规定，行纪人以高于委托人指定的价格卖出商品的，如果在行纪合同中没有约定或者约定不明确，依照《合同法》仍不能确定的，该利益属于委托人。

二、多项选择题

1. 正确答案：ABCD

答案解析：本题考核合同的标的。合同的标的有多种多样，归纳起来一共有四类：有形财产；无形财产；劳务；工作成果。

2. 正确答案：ACD

答案解析：本题考核点是要约撤销。下列情形要约不得撤销：①要约人确定了承诺期限；②要约人以其他形式明示要约不得撤销；③受要约人有理由认为要约是不可撤销的，并已经为履行合同作了准备工作。

3. 正确答案：BCD

答案解析：本题考核合同成立的情形。选项 A 对实质性内容进行了变更，应该视为新要约，不能视为合同成立；根据规定，受要约人在承诺期限内发出承诺，按照通常情形能够及时到达受要约人，但因其他原因承诺到达要约人时超过了承诺期限的，除要约人及时通知受要约人因承诺超过期限不接受该承诺的以外，该承诺有效。由于选项D并没有提示要约人是否通知，因此应该认定合同成立。

4. 正确答案：ACD

答案解析：本题考核点是可撤销合同。《合同法》规定，有下列情形之一的，撤销权消灭：①具有撤销权的当事人自知道或者应当知道撤销事由之日起1年内没有行使撤销权；②具有撤销权的当事人知道撤销事由后明确表示或者以自己的行为放弃撤销权。

5. 正确答案：BCD

答案解析：本题考核无效合同所造成的法律后果。合同无效后，因该合同取得的财产，应当予以返还；不能返还或者没有必要返还的，应当折价补偿。有过错的一方应当赔偿对方因此所受到的损失。当事人恶意串通，损害国家、集体或者第三人利益的，因此取得的财产收归国家、集体所有或者返还第三人。

6. 正确答案：BD

答案解析：本题考核合同约定不明的规定。根据规定，合同当事人对合同条款约定不明的，可以补充协议，不能达成补充协议的，按照合同有关条款或者交易习惯确定，仍不能确定的，就交货地和付款地而言，以履行义务一方所在地为交货地，以接受货币一方所在地为付款地。

7. 正确答案：AC

答案解析：本题考核是合同履行中的不安抗辩权。B选项错误的原因是“中止”而不是“终止”，前者的意思是“中间停止”，就是“暂停”；后者的意思是“终点停止”，就是“结束”。D选项中，当事人行使不安抗辩权中止履行的，应当及时通知对方，无须对方同意。

8. 正确答案：CD

答案解析：本题考核合同保全措施。转让价格达不到交易时交易地的指导价或者市场交易价70%的，一般可以视为明显不合理的低价；对转让价格高于当地指导价或者市场交易价30%的，一般可以视为明显不合理的高价。债务人以明显不合理的高价收购他人财产，人民法院可以根据债权人的申请，参照合同法的规定予以撤销。债务人放弃其未到期的债权或者放弃债权担保，或者恶意延长到期债权的履行期，对债权人造成损害，债权人依照合同法的规定提起撤销权诉讼的，人民法院应当支持。

9. 正确答案：ACD

答案解析：本题考核合同法中有关期限的规定。保全措施中，撤销权自债权人知道或者应当知道撤销事由之日起1年行使，自债务人的行为发生之日起5年内没有行使撤销权的，该撤销权消灭。

10. 正确答案：ABD

答案解析：本题考核保证人资格。按照《担保法》规定，具有代为清偿债务能力的法人、其他组织或者公民，可以作为保证人。国家机关、学校、幼儿园、医院等以公益为目的的事业单位、社会团体、企业法人分支机构、职能部门，不得作为保证人。

11. 正确答案：AD

答案解析：本题考核保证合同的诉讼时效。①在一般保证中，保证人有先诉抗辩权，主债务诉讼时效中断，债权人无法直接向保证人要求承担保证责任，因此保证债务的诉讼时效也中断；②在连带保证中，保证人并没有先诉抗辩权，债权人既可以向债务人要求履行，也可以向保证人要求承担保证责任。如果主债务诉讼时效中断，导致债权人无法向债务人要求履行其债务，这并不妨碍债权人向保证人主张保证责任的承担，因此连带责任保证中，主债务诉讼时效中断，保证债务诉讼时效不中断。

12. 正确答案：ABCD

答案解析：本题考核用于抵押的财产范围。根据规定，下列财产不得抵押：①土地所有权；②耕地、宅基地、自留地、自留山等集体所有的土地使用权，但法律另有规定的除外；③学校、幼儿园、医院等以公益为目的的事业单位、社会团体和教育设施、医疗卫生设施和其他社会公益设施；④所有权、使用权不明或有争议的财产；⑤依法被查封、扣押、监管的财产；⑥依法不得抵押的其他财产。

13. 正确答案：ACD

答案解析：本题考核抵押物的登记。以上市公司的股份进行担保也应依法办理登记，但该担保的形式是权利质押，并不是抵押。

14. 正确答案：ABCD

答案解析：本题考核最高额抵押合同的相关规定。以上四项均正确。

15. 正确答案：ABCD

答案解析：本题考核合同的解除。合同的解除分为合意解除与法定解除两种情况。本题中选项A属于合意解除，即指根据当事人事先约定的情况或经当事人协商一致而解除合同，本题中选项B、选项C、选项D项属于法定解除，即指根据法律规定而解除合同。合同成立以后客观情况发生了当事人在订立合同时无法预见的、非不可抗力造成的不属于商业风险的重大变化，继续履行合同对于一方当事人明显不公平或者不能实现合同目的，当事人请求人民法院变更或者解除合同的，人民法院应当根据公平原则，并结合案件的实际情况确定是否变更或者解除。

16. 正确答案：ABD

答案解析：本题考核提存情形。根据《合同法》规定，选项ABD债务人可以将标的物提存。

17. 正确答案：BC

答案解析：本题考核租赁合同的相关规定。根据规定，未约定租金支付期又不能达成补充协议的，租期1年以上的，应在每满1年时支付；在租赁期间因占有、使用租赁物获得的收益，归承租人所有，但当事人另有约定的除外；租赁物在租赁期间发生所有权变动的，不影响租赁合同的效力，出租人应在出卖前的合理期限内通知承租人，同等条件下承租人享有优先购买权。选项A应该是每满1年时支付，选项D没有在同等条件下购买，也是不正确的。

三、判断题

1. 正确答案：错

答案解析：本题考核合同履行的一般规则。当债务人的给付不足以清偿其对同一债权人所负的数笔相同种类的全部到期债务时，且担保数额相同，在当事人没有约定的情况下，优先抵充负担较重的债务。

2. 正确答案：错

答案解析：本题考核合同的履行地点。在买卖合同中，买方提货的，履行地点为提货地；卖方送货的，履行地点为买方收货地。

3. 正确答案：错

答案解析：本题考核承诺期限。根据《合同法》规定，承诺应当在要约确定的期限内到达要约人。受要约人超过承诺期限发出承诺的，除要约人及时通知受要约人该承诺有效的以外，视为新要约。

4. 正确答案：错

答案解析：本题考核承诺的相关规定。该承诺有效，合同的内容应当以"承诺"的内容为准。

5. 正确答案：错

答案解析：本题考核承诺的作出。承诺应当在有效期限内作出。

6. 正确答案：对

答案解析：本题考核合同成立的地点。根据规定，当事人采用合同书、确认书形式订立合同的，双方当事人签字或者盖章的地点为合同成立的地点。

7. 正确答案：对

答案解析：本题考核缔约过失责任。当事人承担缔约过失责任的前提是违反国家法律规定、违背诚实信用原则，致使合同未能成立，并给对方造成损失。当事人承担违约责任的前提是合同已经成立。本题中B公司并未违反国家法律规定、违背诚实信用原则，且合同也未成立，无须承担责任，所以差旅费应由A自行承担。

8. 正确答案：错

答案解析：本题考核缔约过失责任。负有缔约过失责任的当事人，应当赔偿受损害的当事人，赔偿以受损害的当事人的损失为限，包括直接利益的减少和间接利益的损害。

9. 正确答案：错

答案解析：本题考核点是撤销权的时效。《合同法》规定，撤销权自"债权人知道或者应当知道撤销事由"之日起1年内行使。

10. 正确答案：错

答案解析：本题考核合同的效力。根据规定，行为人没有代理权而以被代理人名义订立的合同，相对人可以催告被代理人在1个月内予以追认，被代理人未作表示的，视为拒绝追认。

11. 正确答案：错

答案解析：本题考核可撤销合同的变更。可撤销合同的变更和撤销须由有撤销权的当事人申请，由人民法院和仲裁机构作出。

12. 正确答案：对

答案解析：本题考核担保合同。题目表述正确。

13. 正确答案：对

答案解析：本题考核保证人的责任的承担。以上的描述是符合规定的。

14. 正确答案：对

答案解析：本题考核合同权利义务的一并转让。题目的表述是正确的。

15. 正确答案：对

答案解析：本题考核受托人转委托的相关规定。根据规定，受托人需要转委托的，应当经委托人同意，委托人可以就委托事务直接指示转委托的第三人，受托人仅就第三人的选择及其对第三人的指示承担责任。

四、简答题

1. 正确答案：

（1）合同约定甲公司向乙公司给付25万元定金合法。根据《合同法》和《担保法》的规定，合同可以约定定金条款，定金数额不得超过主合同标的额的20％。甲公司与乙公司订立的合同约定的定金为25万元，占主合同标的额的16.67％，符合法律规定。

（2）乙公司通知甲公司解除合同不合法。根据《合同法》的规定，依法订立的合同成立后，即具有法律约束力，任何一方当事人都不得擅自变更或解除合同，当事人协商一致可以解除合同。当事人一方主张解除合同时、对方有异议的，应当请求人民法院或仲裁机构确认解除合同的效力。

（3）甲公司要求增加违约金数额依法能够成立。根据《合同法》的规定，合同双方当事人约定的违约金低于造成的损失的，当事人可以请求人民法院或者仲裁机构予以增加。

（4）甲公司要求乙公司继续履行合同依法能够成立。根据《合同法》的规定，当事人一方不履行合同义务或履行合同义务不符合约定的，对方当事人可以要求继续履行，违约方应当承担继续履行的违约责任。

（5）根据《担保法》的规定，在甲、乙之间的合同纠纷经审判或者仲裁，并就乙公司的财产依法强制执行仍不能履行债务时，丙公司对甲公司应当履行一般保证责任。

2. 正确答案：

(1) 甲乙公司订立的买卖合同成立。根据《合同法》的规定，采用合同书形式订立合同，在签字或者盖章之前，当事人一方已经履行主要义务，对方接受的，该合同成立。虽然甲乙双方没有在合同书上签字盖章，但甲公司已将 70 台精密仪器交付了乙公司，乙公司也接受并付款，所以合同成立。

(2) 乙公司要求甲公司承担违约责任的行为合法。根据《合同法》的规定，当事人一方因第三人的原因造成违约的，应当向对方承担违约责任。

(3) 丙公司对货物毁损应向甲公司承担损害赔偿责任。根据《合同法》的规定，承运人对运输过程中货物的毁损、灭失承担损害赔偿责任，但承运人证明货物的毁损、灭失是因为不可抗力、货物本身的自然性质或合理损耗以及托运人、收货人的过错造成的，不承担损害赔偿责任。

3. 正确答案：

(1) 损失应由甲公司承担。根据规定，标的物毁损、灭失的风险，在标的物交付之前由出卖人承担，交付之后由买受人承担。本题中，双方约定的交货地点是乙企业的库房，药材被洪水浸泡时交付尚未完成。

(2) 乙企业要求双倍返还定金和赔偿损失不合理。根据规定，因不可抗力、意外事件致使主合同不能履行的，不需要承担违约责任。本题中，药材因遇山洪暴发被浸泡，属于不可抗力，因此乙企业不应该要求双倍返还定金和赔偿损失。

(3) 甲公司主张合同无效不合理。根据规定，当事人采用合同书形式订立合同的，自双方当事人签字或者盖章时合同成立。本题中，甲公司加盖公章即为盖章，合同成立，不必经法定代表人签定确认。

4. 正确答案：

(1) 借款合同约定借款利息预先从借款本金中扣除不符合有关规定。根据有关规定，借款利息不得预先从借款本金中扣除。利息预先在本金中扣除的，应当按照实际借款数额返还借款并计算利息。B 银行预先从借款本金中扣除利息的做法不符合有关规定，A 公司可以按照实际借款数额返还借款。

(2) 该借款合同的利息预先在本金中扣除，应当按照实际借款数额返还借款并计算利息。A 公司的实际借款数额＝4－4×6.8%×2.5＝3.32（亿元）。由于合同中对支付利息的期限没有约定，根据规定，借款期间 1 年以上的，应当在每届满 1 年时支付，剩余时间不满 1 年的，应当在返还借款时一并支付。

(3) B 银行可以要求解除借款合同。根据《合同法》规定，借款人未按照约定的借款用途使用借款的，贷款人可以停止发放借款、提前收回借款或解除合同。本案由于 A 公司违反合同约定，未按照约定的借款用途使用借款。因此 B 银行有权要求解除借款合同。

练习六详解

一、单项选择题

1. 正确答案：D

答案解析：本题考核证券市场的原则。公正原则，是指证券的发行、交易活动执行统一的规则，适用统一的规范。贯彻公正原则的基本要求是，证券市场参与者的合法权益同样受法律保护，违法行为同样受法律制裁。

该题针对“证券法的基本原则”知识点进行考核

2. 正确答案：A

答案解析：本题考核证券公司的注册资本规定。根据规定，经营“证券经纪、证券投资咨询”业务的，注册资本最低限额为5000万元；经营“证券承销与保荐、证券自营、证券资产管理”业务之一的，注册资本最低限额为1亿元；经营“证券承销与保荐、证券自营、证券资产管理”业务中两项以上的，注册资本最低限额为5亿元。

该题针对“证券交易所和证券公司的相关规定”知识点进行考核

3. 正确答案：A

答案解析：本题考核证券公司注册资本的规定。选项B、C、D中，经营证券承销与保荐、证券自营、证券资产管理、其他证券业务之一的，注册资本最低限额为人民币1亿元；经营证券承销与保荐、证券自营、证券资产管理、其他证券业务中两项以上的，注册资本最低限额为人民币5亿元。因此本题只能选择A。

该题针对“证券交易所和证券公司的相关规定”知识点进行考核

4. 正确答案：C

答案解析：本题考核证券公司从业人员的任职。根据规定，因违法行为或者违纪行为被开除的证券交易所、证券登记结算机构、证券服务机构、证券公司的从业人员和被开除的国家机关工作人员，不得招聘为证券公司的从业人员。

该题针对“证券交易所和证券公司的相关规定”知识点进行考核

5. 正确答案：D

答案解析：本题考核公开发行证券的规定。根据规定，有下列情形之一的，为公开发行：

①向不特定对象发行证券；②向累计超过二百人的特定对象发行证券，因此选项A、B、C均不正确。发行人申请公开发行股票、可转换为股票的公司债券，依法采取承销方式的，或者公开发行法律、行政法规规定实行保荐制度的其他证券的，应当聘请具有保荐资格的机构担任保荐人，因此选项D是正确的。

该题针对“证券发行概述”知识点进行考核

6. 正确答案：B

答案解析：本题考核增发股票中配售数量的限制。根据规定，拟配售股份数量不超过本次配售股份前股本总额的30%。

该题针对“股票的发行条件”知识点进行考核

7. 正确答案：D

答案解析：本题考核公司债券的发行条件。发行公司债券，其累计债券总额不超过公司净资产额的40%，累计债券总额是指公司成立以来发行的所有债券尚未偿还的部分。本题该公司净资产额为8000万元，本次发行公司债券额最多不得超过700万元(8000万元×40%－2500万元=700万元)。

该题针对“公司债券的发行条件”知识点进行考核

8. 正确答案：C

答案解析：本题考核代销的相关规定。股票发行采用代销方式，代销期限届满，向投资者出售的股票数量未达到拟公开发行股票数量70%的，为发行失败；发行人应当按照发行价并加算银行同期存款利息返还股票认购人。

该题针对“证券发行程序”知识点进行考核

9. 正确答案：A

答案解析：本题考核股份有限公司公开发行股票的相关规定。根据规定，向不特定对象公开发行的证券票面总值超过人民币5000万元的，应组织承销团承销。

该题针对“证券发行程序”知识点进行考核

10. 正确答案：B

答案解析：本题考核首次公开发行股票的承销方式。根据规定，首次公开发行股票数量在4亿股以上的，发行人及其主承销商可以在发行方案中采用超额配售选择权。

该题针对“证券发行程序”知识点进行考核

11. 正确答案：B

答案解析：本题考核基金申购、赎回的规定。①开放式基金单位的认购、申购和赎回业务，可以由基金管理人直接办理，也可以由基金管理人委托其他机构代为办理，因此选项A错误；②投资人申购基金时，必须“全额”交付申购款项，因此选项C错误；③基金管理人应当在收到基金投资人申购、赎回申请之日起3个工作日内，对该交易的有效性进行确认，因此选项D错误。

该题针对“证券投资基金的发行”知识点进行考核

12. 正确答案：B

答案解析：本题考核股票转让的相关规定。为股票发行（如发行新股）出具审计报告的注册会计师，在股票的承销期内和期满后6个月内，不得买卖该上市公司的股票。

该题针对“证券交易的一般规定”知识点进行考核

13. 正确答案：A

答案解析：本题考核点是不得再次公开发行公司债券的情形。有下列情形之一的，不得再次公开发行公司债券：①前一次公开发行的公司债券尚未募足；②对已公开发

行的公司债券或者其他债务有违约或者延迟支付本息的事实，仍处于继续状态；③违反《证券法》规定，改变公开发行债券所募集资金的用途。

该题针对“公司债券上市的相关规定”知识点进行考核

14. 正确答案：A

答案解析：本题考核证券投资基金上市的条件。根据规定，证券投资基金上市的，基金合同期限为5年以上，因此选项A是错误的。

该题针对“证券投资基金上市的相关规定”知识点进行考核

15. 正确答案：D

答案解析：本题考核上市公司重大事件。根据规定，持有公司5%以上股份的股东或者实际控制人，其持有股份或者控制公司的情况发生较大变化的属于重大事件。因此选项D是错误的。

该题针对“信息披露制度”知识点进行考核

16. 正确答案：C

答案解析：本题考核上市公司中期报告的披露时间。根据《证券法》规定，中期报告应在每一个会计年度的上半年结束之日起2个月内公告。

该题针对“信息披露制度”知识点进行考核

17. 正确答案：B

答案解析：本题考核点是证券交易的规则。《证券法》规定，为股票发行出具审计报告、资产评估报告或者法律意见书等文件的专业机构和人员，在该股票承销期内和期满后6个月内，不得买卖该种股票。

该题针对“限制的交易行为”知识点进行考核

18. 正确答案：C

答案解析：本题考核协议收购。采取协议收购方式的，收购人收购或者通过协议、其他安排与他人共同收购一个上市公司已发行的股份达到30%时，继续进行收购的，应当向该上市公司所有股东发出收购上市公司全部或者部分股份的要约。但是，经国务院证券监督管理机构免除发出要约的除外。

该题针对“要约收购和协议收购的相关规定”知识点进行考核

19. 正确答案：D

答案解析：本题考核详式权益变动报告书的编制情形。根据规定，投资者及其一致行动人拥有权益的股份达到或者超过一个上市公司已发行股份的20%但未超过30%的，应当编制详式权益变动报告书。

该题针对“上市公司收购的权益披露”知识点进行考核

二、多项选择题

1. 正确答案：ABCD

答案解析：本题考核首次公开发行股票的询价对象。本题的四个选项均属于询价对象，除此之外还包括证券公司、保险机构投资者和中国证监会认可的其他机构投资者。

该题针对“证券发行概述”知识点进行考核

2. 正确答案：AD

答案解析：本题考核证券发行的类型。设立发行，是指雒行人为设立股份有限公司，而向社会投资者发行股票的行为。设立发行的法律结果为成立新的股份有限公司。间接发行，又称承销发行，是指证券发行人委托证券承销机构发行证券，并由证券承销机构办理证券发行事宜，承担证券发行风险的行为。

该题针对“证券发行概述”知识点进行考核

3. 正确答案：ABCD

答案解析：本题考核上市公司非公开发行股票的条件。上市公司非公开发行股票的，其发行对象不超过10名。上市公司非公开发行股票，应当符合下列规定：①发行价格不低于定价基准日前20个交易日公司股票均价的90%；②本次发行的股份自发行结束之日起，12个月内不得转让；控股股东、实际控制人及其控制的企业认购的股份，36个月内不得转让；③募集资金使用符合有关规定；④本次发行将导致上市公司控制权发生变化的，还应当符合中国证监会的其他规定。

该题针对“股票的发行条件”知识点进行考核

4. 正确答案：AC

答案解析：本题考核不得再次公开发行公司债券的情形。根据规定，违反《证券法》的规定，改变公开发行公司债券所募集资金用途的，不得再次公开发行公司债券，选项D是符合规定的用途，因此不属于不得再次公开发行公司债券的情形。

5. 正确答案：B

答案解析：本题考核公司债券的发行条件。根据规定，公司公开发行公司债券的，其累计债券余额不得超过公司“净资产”的40%，因此选项B的说法是错误的。

该题针对“公司债券的发行条件”知识点进行考核

6. 正确答案：CD

答案解析：本题考核点是公开发行股票的条件。根据规定，股票发行采用代销方式，代销期限届满，向投资者出售的股票数量未达到拟公开发行股票数量70%的，为发行失败。本题中，代销期限届满，选项C、D未达到70%，因此为发行失败。

该题针对“证券发行程序”知识点进行考核

7. 正确答案：ACD

答案解析：本题考核个人申请保荐代表人资格的条件。根据规定，个人申请保荐代表人，应具备3年以上保荐相关业务经历；最近3年内在应当聘请具有保荐机构资格的证券公司履行保荐职责的境内证券发行项目中担任过项目协办人；参加中国证监会认可的保荐代表人胜任能力考试且成绩合格有效；诚实守信，品行良好，无不良诚信记录，最近3年未受到中国证监会的行政处罚；未负有数额较大到期未清偿的债务。

该题针对“证券发行程序”知识点进行考核

8. 正确答案：ABD

答案解析：本题考核点是设立证券投资基金的条件。选项C正确的说法是：主要股东最近3年没有违法记录。

该题针对“证券投资基金的发行”知识点进行考核

9. 正确答案：AB

答案解析：根据规定，为股票发行出具审计报告的专业人员，在股票承销期内和期满后6个月内，不得买卖该种股票；为上市公司出具审计报告的专业人员，自接受上市公司委托之日起至上述文件公开后5日内，不得买卖该种股票。

该题针对“证券交易的一般规定”知识点进行考核

10. 正确答案：ABCD

答案解析：本题考核保荐机构的资格条件。根据规定，证券公司申请保荐机构资格的，保荐代表人资格条件的从业人员不少于4人，因此选项A应选；最近3年内未因重大违法违规行为受到行政处罚，因此选项B应选；具有完善的公司治理和内部控制制度，风险控制指标符合相关规定，因此选项C和D应选。

该题针对“证券交易的一般规定”知识点进行考核

11. 正确答案：ABD

答案解析：本题考核股票终止上市的规定。根据规定，公司股本总额发生变化，不再具备上市条件，在证券交易所规定的期限内仍不能达到上市条件的，由证券交易所决定终止其股票上市交易。因此选项C不符合规定。

该题针对“股票上市的相关规定”知识点进行考核

12. 正确答案：ABC

答案解析：本题考核公司债券上市交易的暂时停止。公司情况发生重大变化不符合公司债券上市条件的，应暂时停止公司债券上市交易。公司债券上市条件之一是公司债券上市时仍符合法定的公司债券发行条件，而公司债券发行条件之一则是：有限责任公司的净资产不低于人民币6000万元，股份有限公司的净资产不低于人民币3000万元。因此，选项D不符合题意。

该题针对“公司债券上市的相关规定”知识点进行考核

13. 正确答案：ABCD

答案解析：本题考核点是上市公司的年度报告。

该题针对“信息披露制度”知识点进行考核

14. 正确答案：ACD

答案解析：本题考核重大事件的范围。上市公司1/3以上的监事发生变动时，应当立即公告。

该题针对“信息披露制度”知识点进行考核

15. 正确答案：ABCD

答案解析：本题考核点是欺诈客户的行为。

该题针对“禁止的交易行为”知识点进行考核

16. 正确答案：ABCD

答案解析：本题考核点是禁止的证券交易行为。选项A属于制造虚假信息；选项B属于欺诈客户；选项C属于操纵市场；选项D属于内幕交易。

该题针对“禁止的交易行为”知识点进行考核

17. 正确答案：ACD

答案解析：①公司营业用主要资产的抵押、出售或者报废一次超过该资产的30%，才属于内幕信息；②选项CD属于重大事件（内幕信息）。

该题针对“禁止的交易行为”知识点进行考核

18. 正确答案：ABD

答案解析：本题考核一致行动人的情形。选项C正确的表述为：持有投资者30%以上股份的自然人，与投资者持有同一上市公司股份。

该题针对“一致行动人的范围”知识点进行考核

19. 正确答案：ABCD

答案解析：本题考核点是权益变动报告书的内容。以上四个选项都是正确的。

该题针对“上市公司收购的权益披露”知识点进行考核

三、判断题

1. 正确答案：对

答案解析：本题考核开放式基金。本题的表述是正确的，另外注意，封闭式基金是经核准的基金份额总额在基金合同期限内固定不变，基金份额可以在依法设立的证券交易场所交易，但基金份额持有人不得申请赎回。

该题针对“证券与证券市场”知识点进行考核

2. 正确答案：错

答案解析：本题考核证券公司的注册资本数额。根据规定，经营“证券承销与保荐、证券自营、证券资产管理、其他证券业务”中两项以上的，注册资本最低限额为人民币5亿元。

该题针对“证券交易所和证券公司的相关规定”知识点进行考核

3. 正确答案：错

答案解析：向“特定对象”发行证券累计超过200人的，属于公开发行证券。

该题针对“证券发行概述”知识点进行考核

4. 正确答案：错

答案解析：本题考核发行公司债券的条件。增发1年期债券的最高限额＝（70000－30000）×40%－9000＝7000（万元），由于计划增发8000万元，超过了该限额，是不符合规定的。

该题针对“公司债券的发行条件”知识点进行考核

5. 正确答案：对

答案解析：本题考核发行公司债券的主体资格。股份有限公司和有限责任公司均可以发行公司债券。

该题针对“公司债券的发行条件”知识点进行考核

6. 正确答案：对

答案解析：本题考核证券的包销期限。根据规定，证券的包销期最长不得超过 90 日。

该题针对“证券发行程序”知识点进行考核

7. 正确答案：错

答案解析：本题考核证券公司承销证券的方式。根据《证券法》的规定，证券公司不得为本公司事先预留所代销的证券和预先购入并留存所包销的证券。

该题针对“证券发行程序”知识点进行考核

8. 正确答案：错

答案解析：本题考核基金上市交易的相关规定。根据规定，开放式基金在销售机构的营业场所销售及赎回，不上市交易。

该题针对“证券投资基金的发行”知识点进行考核

9. 正确答案：对

答案解析：本题考核证券交易的一般规定。根据法律规定，为上市公司出具审计报告、资产评估报告或者法律意见书等文件的专业机构和人员，自接受上市公司委托之日起至上述文件公开后 5 日内，不得买卖该种股票。

该题针对“证券交易的一般规定”知识点进行考核

10. 正确答案：错

答案解析：本题考核股票上市相关规定。根据规定，上市公司如改变招股说明书所列的资金用途，必须经“股东大会”的批准。

该题针对“股票上市的相关规定”知识点进行考核

11. 正确答案：错

答案解析：本题考核基金终止上市的情形。根据规定，基金合同期限届满的，将终止上市。

该题针对“证券投资基金上市的相关规定”知识点进行考核

12. 正确答案：对

答案解析：本题考核中期报告的报送时间。根据规定，上市公司和公司债券上市交易的公司，应当在每一会计年度的上半年结束之日起 2 个月内，向国务院证券监督管理机构和证券交易所报送中期报告，并予公告。

该题针对“信息披露制度”知识点进行考核

13. 正确答案：错

答案解析：本题考核内幕信息的范围。根据规定，公司营业用主要资产的抵押、出售或者报废一次超过该资产的30%的，属于内幕信息。

该题针对“禁止的交易行为”知识点进行考核

14. 正确答案：错

答案解析：本题考核其他禁止交易行为。根据规定，国有企业、国有资产控股的企业、上市公司所开立的股票账户，可以用于配售股票，也可以用于二级市场的股票，但在二级市场买入又卖出或者卖出又买入同一种股票的时间间隔不得少于6个月。

该题针对“禁止的交易行为”知识点进行考核

四、简答题

1. 正确答案：

(1) A公司在年度报告中披露的股东人数不符合规定。根据规定，上市公司年度报告应披露持有公司股份最多的前10名股东名单和持股数额，若持股5%以上的股东人数少于10人，则应列出至少前10名股东的持股情况。

(2) ①A公司应当以临时报告的方式披露原材料国际市场价格大幅上涨的信息。根据规定，上市公司生产经营的外部条件发生的重大变化，属于重大事件。在本题中，A公司依赖于进口的主要原材料国际市场价格大幅上涨，即生产经营的外部条件发生了重大变化，属于重大事件。因此，A公司应以临时报告的方式披露该信息。

②A公司不应当以临时报告的方式披露解聘王某的信息。根据规定，上市公司董事、1/3以上监事或者经理的变动，属于重大事件。在本题中，王某作为财务负责人，其职务的变动不属于重大事件，因此，该情形不属于临时报告应当披露的范围。

2. 正确答案：

(1) 董事会会议决定改变招股说明书所列资金用途不符合法律规定。根据规定，上市公司要改变招股说明书所列资金用途的，必须经股东大会批准。

(2) 董事A的提议不符合法律规定。根据规定，上市公司发生重大亏损或者遭受重大损失，属于重大事件，上市公司应当立即将有关情况向国务院证券监督管理机构和证券交易所提交临时报告，并予公告。

(3) 董事D的主张符合法律规定。根据规定，公司的董事长、1/3以上的董事，或者经理发生变动，属于重大事件，上市公司应当立即将有关情况向国务院证券监督管理机构和证券交易所提交临时报告，并予公告。

五、综合题

1. 正确答案：

(1) 甲公司最近3年加权平均净资产收益率符合公开募集股份的条件。根据规定，上市公司向不特定对象公开募集股份的，最近3个会计年度加权平均净资产收益率平均不低于6%。扣除非经常性损益后的净利润与扣除前的净利润相比，以低者作为加权平均净资产收益率的计算依据。本题中，最近3年加权平均净资产收益率为11.2%，因此是符合规定的。

(2) ①董事会拟定的配售股份的比例不符合规定。根据规定，配股发行新股的，拟配售股份数量不超过本次配售股份前股本总额的30%。本题中，向原有股东配售的股份比例为3800万元，超过了股本总额12000万元的30%（3600万元），因此是不符合规定的；②本次募集的资金用于持有交易性金融资产的决定不符合规定。根据规定，除金融类企业外，本次募集资金使用项目不得为持有交易性金融资产和可供出售的金融资产。

(3) 乙公司和丙公司不属于一致行动人。在3月25日后，乙公司继续收购的行为合法。

(4) 乙公司公告的收购期限符合法律规定。根据规定，收购要约约定的收购期限不得少于30天，并不得超过60天。

(5) 乙公司不能撤销其收购要约。根据规定，在收购要约确定的承诺期限内，收购人不得撤销其收购要约。

(6) 乙公司折价收购的决定不符合法律规定。根据规定，收购要约提出的各项收购条件，适用于被收购公司的所有股东。要约收购条件具有统一性，应当适用于被收购的上市公司的全体股东，不能出现要约方面的差别待遇。

2. 正确答案：

(1) A公司上市后，其股本结构中社会公众股所占股本总额比例符合法律规定。根据规定，上市公司中，向社会公开发行的股份应达到公司股份总额的25%以上，公司股本总额超过人民币4亿元的，其向社会公开发行股份的比例为10%以上。A公司的股本总额为13200万股，社会公众股占股本总额的比例为37.88%，故A公司股本结构中社会公众股所占股本总额比例符合法律规定。

(2) 首先，B企业转让A公司股份的行为符合法律规定。根据规定，股份有限公司的发起人持有的本公司的股份，自公司成立之日起1年内不得转让。B企业持有A公司股份的时间已超过了1年，故转让A公司股份符合法律规定。

其次，D公司未向A公司报告所持股份情况的行为不符合法律规定。根据《证券法》的规定，持有一个股份有限公司已发行的股份5%的股东，应当在其持股数额达到该比例之日起3日内通知该公司，D公司持有A公司发行股份达6.06%，应当向A公司报告。

(3) ①陈某买卖A公司股票的行为符合法律规定。根据《证券法》的规定，为上市公司出具审计报告的人员，自接受上市公司委托之日起至上述文件公开后5日内，不得买卖该种股票。陈某是在审计报告公布5日后买卖A公司股票的，故陈某买卖A公司股票的行为符合法律规定。

②李某买卖A公司股票的行为不符合法律规定。根据《证券法》的规定，证券公司的从业人员在任期或者法定期间内，不得直接或者以化名、借他人名义持有、买卖股票。李某为E证券公司从业人员，故李某买卖A公司股票的行为不符合法律规定。

参考文献

[1] 李昌麒．经济法学［M］．北京：法律出版社，2007.

[2] 谭玲．经济法学［M］．北京：中国检察院出版社，2006.

[3] 马洪．经济法［M］．上海：上海财经大学出版社，2007.

[4] 郭明瑞．合同法学［M］．上海：上海复旦大学出版社，2005.

[5] 毛细荣，吴鹏飞．经济法学［M］．北京：知识产权出版社，2007.

[6] 赵旭东．公司法实例与案例［M］．北京：法律出版社，2006.

[7] 杨立新．合同法专论［M］．北京：高等教育出版社，2004.

[8] 徐强胜．经济法学［M］．北京：中央广播电视大学出版社，2002.

[9] 崔建远．新合同法原理与案例评释［M］．吉林：吉林大学出版社，1999.

[10] 江平．新编公司法教程［M］．北京：法律出版社，2006.

[11] 财政部会计资格评价中心．经济法［M］．北京：中国财政经济出版社，2010.

[12] 杨紫煊，徐杰．经济法［M］．北京：北京大学出版社，2007.

[13] 黄少彬．经济法概论［M］．北京：科学出版社，2007.

[14] 江伟．民事诉讼法学［M］．北京：中国人民大学出版社，2000.

[15] 徐丽，高庆新．经济法［M］．北京：北京交通大学出版社，2006.

[16] 北大东奥．中级经济法［M］．北京：经济科学出版社，2009.